아동발달

윤영애 · 강순미 · 조대현

태영출판사

머리말

세상의 모든 아동들은 행복해야 한다. 어느 곳에 있든지, 어떤 상황에 처하든지, 누구라도 아동의 행복을 침해하거나 빼앗아서는 안 된다. 즉, 아동의 권리는 보장되고 보호되어야 할 만큼 중요한 것이다.

『아동발달』은 엄마 뱃속에 수태되는 순간부터 아동기까지 인간의 성장과 발달, 변화에 대한 전반적인 이해를 목표로 하는 학문이다. 따라서 영유아의 보육과 교육을 담당하는 부모 또는 교사들이 기본적으로 알아야 하는 필수 과목이다. 이는 발달적 이해에 근거해야만 영유아 및 아동 중심의 올바른 교육이 가능하기 때문이다. 따뜻하고 좋은 부모, 평생동안 우정을 나눌 수 있는 친구, 일생을 두고 존경할 수 있는 스승을 만나는 시기가 바로 아동기이므로, 아동의 심리적, 신체적 발달을 이해하여 적절하고 효과적인 상호작용은 절대적으로 필요하다.

본 교재를 출간하게 된 동기 중의 하나는, 저자들이 교육현장에서 아동발달을 강의하면서 그 내용이 지나치게 방대하고 심오하다는 것을 느꼈다. 아동발달이

대부분 1학기 기초과목으로 개설된다는 점을 고려할 때 한 학기 강의교재로서 적절한 책이 필요하다는 생각을 하게 되었다.

본 교재는 학부 수준의 한 학기 강의교재라는 현실 조건에 맞추어 다음과 같이 총 4부 12장으로 구성하였다.

제1부에서는 아동발달의 개념과 영역, 아동발달의 원리, 발달단계 및 발달과업을 제시하여 아동발달에 대한 기초적인 이해를 도모하였다.

제2부에서는 정신분석학적 관점, 기계론적 관점, 유기체론 및 도덕적 발달관점, 생태학적 관점에서 발달이론을 고찰해 보면서, 현대 아동발달 이론의 새로운 방향을 모색하였다.

제3부에서는 아동발달 연구의 필요성과 더불어 아동발달 연구방법을 제시하였다.

제4부에서는 태내기, 영아기, 유아기, 아동기의 신체 · 운동발달, 언어 및 인지발달, 정서 및 사회성 발달 내용을 제시하였다.

이와 같은 내용들이 영유아 교사가 되려는 모든 학생들과 아동을 양육하는 부모, 영유아 보육에 종사하는 교역자들에게 아동발달 전반에 대한 올바른 이해와 실제적인 교육적 시사점을 제공하는데 도움이 될 수 있기를 바란다.

이 책이 출간되기까지 도움을 주신 태영출판사 김현태 사장님과 완벽한 출판을 위해 수고하신 편집부 직원들께 진심으로 감사드린다.

마지막으로 집필에서 출간까지 지켜보시며 친히 안내하신 하나님께 영광을 돌린다.

2011년 2월

저자 일동

차 례

제 1 부

아동발달

제1장

아동발달의 기초

1. 아동발달의 개념
2. 아동발달의 영역
3. 아동발달의 원리
4. 인간발달의 단계 및 발달과업

인간은 평생을 통해 끊임없이 성장하고 변화하며 발달하는 성향을 지니고 있다. 인간에 관한 연구는 20세기 중반까지도 별로 없었다. 하지만 인간발달에 관한 연구는 교육자와 피교육자간의 상호작용이 이루어지고 있는 교육현장에서는 대단히 중요하다고 볼 수 있다.

본 장에서는 발달의 개념, 발달의 영역과 원리, 발달단계 및 발달과업을 중심으로 살펴보고자 한다.

1. 아동발달의 개념

발달이란 출생시부터 이루어지는 일련의 변화에 초점을 두는 초기의 개념에 반하여, 최근에는 수정의 순간부터 사망에 이르기까지 전 생애 동안 일어나는 연속적이면서 체계적인 변화의 과정으로 넓게 사용되고 있다.

허록(Hurlock)은 신체 크기의 증가, 신체 비율의 변화, 새로운 특징의 획득, 낡은 특징의 소멸 등을 발달의 특징으로 정의하였다. 한편 코프카(Koffka)는 '발달이란 유기체와 기관이 양적 증대, 구조의 정교화, 기능이 유능화되어지는 과정'이라고 하였다(김정희 외, 1997).

발달의 개념을 좀 더 구체적으로 살펴보면, 크기 또는 어떠한 행동양식의 생성이나 감소와 같은 양적인 변화뿐만 아니라 기능적 유능성의 증가 등 질적인 변화도 포함된다. 그리고 청소년기까지의 상향적 또는 긍정적 변화에만 관심을 가졌지만 최근에는 성인기 이후의 하향적 또는 부정적 변화도 포함시킬 만큼 그 개념이 확대되었다. 발달의 하위 개념으로는 신장과 체중, 근육 등의 단순한 양적인 증가를 의미하는 성장(成長, growth)과 부모로부터 받은 유전인자에 따라 발생하는 성숙(成熟, maturation), 반복훈련에 의해 행동이 변화되는 학습(學習, learning) 또는 경험(經驗, experience)이 있다.

1) 성숙

가장 명확한 발달 중의 하나가 성숙이다. 인간은 수정란에서 태아로 발달하면서 성숙하며 출생 후에도 단순한 신체의 크기에서부터 심리적 복잡성에 이르기까지 많은 차원에서 연속적으로 성숙한다. 예를 들면 태아의 발달, 치아의 돌출, 사춘기의 이차성징 및 폐경기 현상 등을 들 수 있다.

2) 성장

출생 후의 성장은 생후 20년에 걸쳐서 지속되며, 청년기에 급격한 변화를 보인다. 아동의 신체적 성장에는 이에 못지않은 많은 심리적 성장이 수반된다. 예를 들면, 아동이 지각하고 사고하며 말하고 이해하고 타인에 대해 반응하는 방식에 있어서 성장 등이 수반된다.

3) 경험

성장과 성숙에 중요한 영향을 끼치며, 성장과 성숙 또한 경험없이 이루어질 수 없는 상호작용을 하고 있다.

2. 아동발달의 영역

인간발달의 많은 측면들은 어떤 특징들을 공유한다. 여러 가지 신체구조의 성숙을 나타내는 신체발달이든, 다양한 운동기술을 획득하는 운동발달이든, 아동의 지적 기능의 성장을 나타내는 인지발달이든 아니면 아동이 타인과의 인간관계에서의 변화를 나타내는 사회성발달이든지 간에 보편적으로 공유하는 특징들이 존재한다.

인간발달이 복잡한 이유는 발달의 여러 측면에서 성장과 변화가 다르게 일어나기 때문이다. 발달의 영역은 신체적, 언어 및 인지적, 정서 및 사회적 발달로 나누어 볼 수 있다(그림 1-1). 그러나 사실상 각각의 발달영역은 서로 영향을 주며 밀접한 관계를 가진다.

1) 신체적 발달

신체, 두뇌, 감각능력, 운동기능에서의 모든 변화를 의미한다. 이는 인지 및 정서 발달에도 영향을 미친다. 예를 들면, 아동은 감각활동이나 근육활동으로부터 주위 환경에 대한 많은 정보를 얻게 된다. 알츠하이머와 같이 노년기에 발생하는 뇌의 생물학적 변화는 기억 상실과 정서에도 영향을 줄 수 있다.

2) 언어 및 인지 발달

학습, 기억, 추리, 사고, 언어 능력과 같은 여러 가지 정신 능력의 변화를 말한다.

그림 1-1 발달의 영역

* 출처 : Santrock, 2006.

이러한 변화들은 신체발달이나 정서발달과 밀접한 관련을 가진다. 예를 들면, 아동들의 기억력의 성장은 격리불안을 해소시켜 준다. 기억은 또한 아동의 신체적인 행동에도 영향을 주고 있다. 예를 들면, 동생이 컵을 깨뜨려 야단을 맞았던 기억을 가진 누나는 똑같은 일을 되풀이 하지는 않을 것이다.

3) 정서 및 사회성 발달

아동 스스로 주변세계에서 발생하는 일들을 해결하고, 감정조절 및 표현을 하며, 타인과의 상호작용 방식인 정서와 사회성 발달은 신체 및 인지적 기능에도 영향을 끼친다.

예를 들어 지나치게 긴장해서 면접을 본 경우에는 긴장하지 않고 면접을 본 경우보다 좋은 결과를 기대하기 어렵다. 또한 노인들이 가족으로부터 받는 지지는 신체적, 정서적 건강에 있어서 중요한 요인이 되고 있다.

3. 아동발달의 원리

발달은 체계적인 과정을 따라 이루어지는 일련의 변화이다. 따라서 발달적 접근을 논의함에 있어서 행동변화의 규칙성을 전제로 한다.

1) 발달에는 일정한 방향이 있다.

출생 전 성장에서 어떤 사건들은 필연적으로 다른 사건에 앞서서 일어난다.

배아는 처음에는 조직층 이었다가 후에 기관으로 발달한다. 예를 들면, 연골조직층이 발달하여 뼈조직이 된다. 발달심리학자들은 출생 후의 발달도 동일한 패턴의 질서정연한 과정으로 발달하고 있음을 주장한다.

운동발달에서 처음에는 머리를 들어 올리는 것부터 시작하여 구르고, 기기, 앉기, 일어서기, 한두 걸음 걷기 그리고는 비틀거리면서 걷다가 마침내 균형잡힌 걸음걸이를 하게 되는 규칙적인 순서가 있다. 아동들이 다양한 기술을 익힐 수 있는 연령에는 상당한 차이가 있다. 그러나 발달이 몇 개월 동안은 빠르거나 느린 것 같지만 나중에는 큰 차이를 보이지 않는다. 중요한 사실은 발달의 연속에서 각 단계는 순차적으로 나타난다는 점이다. 어떤 아동도 기기도 전에 걷지는 못한다.

인지발달의 측면에서도 이와 유사한 과정이 나타난다. 언어획득에서도 질서정연한 순서가 있다. 처음에 아동은 끼룩거리고 옹알이를 하며, 그 후에 한두 단어를 말하면서 소수의 어휘들을 발달시키지만 아직은 한 단어 문장으로 제한된다. 그런 후에 어휘와 문장을 복합하여 마침내 성인의 수준에 도달하게 된다. 운동발달에서와 마찬가지로 인지발달에서도 아동들 간에 상당한 차이가 있다. 어떤 아동은 10개월에 말을 시작하고 다른 아동은 20개월이 지나서야 말을 하게 된다. 그렇지만 말을 시작한 시점이 언제였는지가 훗날언어능력에 대한 예언은 되지 못한다.

발달은 일정한 방향성을 가지고 진행하며 세 가지 기본적인 법칙이 있다.

① 발달은 두미(頭眉)방향(cephalocaudal direction) 또는 상부에서 하부(head to tail)로 진행된다(그림 1-2). 예를 들면 태아는 머리의 발달이 먼저 진행되며 팔이 손보다 먼저 발달한다.

② 발달은 중심부위에서 말초부위(proximo distal direction) 또는 중추에서 말초

(central to peripheral)로 진행된다(그림 1-2). 즉, 대뇌 등이 먼저 발달하고 점차로 말초신경이 발달하게 되며, 신체의 중심에 가까운 팔을 움직이다가 손목, 손가락을 움직일 수 있게 된다. 그 예를 쥐기반응에서 살펴보면, 블록조각을 잡으려 할 때, 처음에는 손에 블록을 대는 것조차 어렵다; 발달이 더 지속되면 엄지를 다른 네 손가락과 마주보게 할 수가 있다. 만 1세가 되면, 손과 엄지 그리고 다른 한두 손가락을 협응하여 정교한 핀셋 동작으로 블록을 집어 올릴 수 있게 된다. 그렇기는 하지만 다른 손으로 블록 밑면을 받치면서 컵을 드는 것과 같은 손운동의 분화가 이루어지는 것은 아마도 아동이 예의범절에 관한 책을 읽을 수 있을 만큼 나이가 든 후에 가능할 것이다(Halverson, 1931).

③ 발달은 전체운동에서 특수운동(mass to specipic)으로 진행된다. 즉, 대근육에서 소근육으로 발달해 가는 것으로 신생아 및 영아의 반응은 대부분 미분화된 전신반응이다.

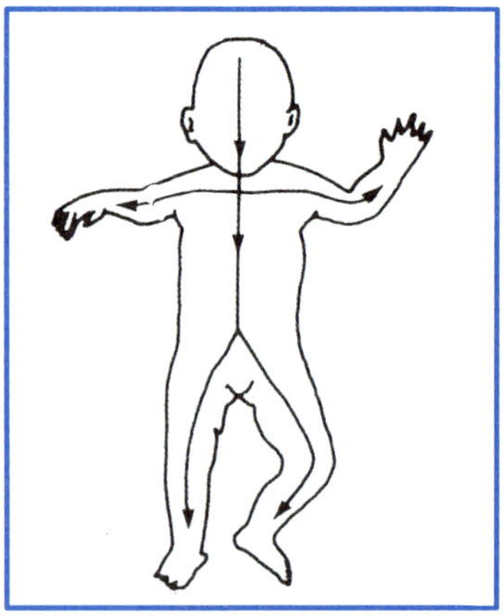

그림 1-2 발달의 순서와 방향

2) 발달에는 개인차(individual difference)가 있다.

인간은 일반적인 발달 순서를 거치면서 정상적인 발달을 하지만 개인마다 차이가있다. 즉 발달의 시기나 표현방식에 있어서 다르다(D. E. Papalia 외, 1975). 발달 속도뿐만 아니라 발달의 결과도 개인마다 다르다. 인간은 신체적인 차이 외에도 이해하는 능력, 정서반응, 생활방식에 있어서도 역시 다르다. 직업, 일에 대한 유능성, 일에 대한 흥미, 각자의 가정과 사회에 대한 가치관, 인간관계 유형, 여가를 즐기는 방법 등 모두가 다르다.

3) 발달에는 결정적 시기(critical period)가 있다.

어떤 행동의 획득 또는 어떤 사건이 가장 큰 영향을 주게 되는 특정한 시기를 결정적 시기라 한다. 예를 들면, 임신 후 7-8일에 방사선을 쪼인 쥐는 뇌손상을 입은 새끼를 낳기 쉬우며, 9.5일에 쪼인 쥐는 신경조직의 질병인 척추파열(spina bifida)을 가진 새끼를 낳게 된다(Rusell & Rusell, 1952). 태내기 발달 특성에서 살펴보겠지만, 태아에 대한 발달장애는 특정한 충격이나 그 시기에 따라 다르다. 신체적 발달 뿐만 아니라 프로이드는 초기의 어떤 경험이 성장 후의 성격을 결정할 수 있다고 주장하였다. 에릭슨의 심리사회적 발달이론에서도 각 단계마다 사회적·정서적 발달을 위한 결정적 시기라 할 수 있다. 그러나 최근에는 발달과정에서 어떤 시기에 특정 경험에 대해 민감하다 할지라도 때로는 이후의 사건이 초기 사건의 영향을 바꾸어 놓을 수 있음을 주장하기도 한다.

4) 발달은 연속적이지만 속도는 일정하지 않다.

인간의 발달은 속도는 다르지만 멈추지는 않는다. 발달은 돌발적으로 진행되는 것이 아니며 어떤 잠복기를 거쳐서 나타나게 된다. 신체 각 부위 성장속도를 보면(그림 1-3) 차이가 있음을 알 수 있다.

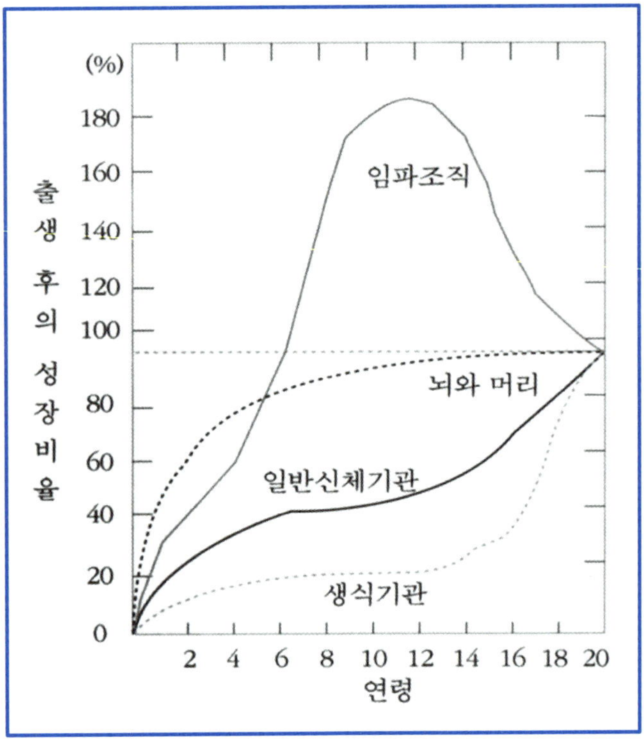

그림 1-3 신체 주요부분 성장속도

* 출처 : Tanner, 1962.

5) 발달은 유전(성숙)과 환경(학습)의 상호작용에 의해 이루어진다.

인간 발달에 영향을 주는 요인에 대한 논란은 끊이지 않고 있다. 유전적 요인을 강조하는 성숙주의와 환경적 요인을 강조하는 행동주의 나름대로의 설득력이 있지만, 최근에는 특정 발달 측면을 제외하고는 유전과 환경의 상호

작용 결과로 보고 있다. 발달에 영향을 주는 요인을 어떻게 생각하느냐에 따라 교수-학습방법이 결정된다는 점을 유의할 필요가 있다.

6) 발달에는 초기경험이 중요하다.

생의 초기단계인 영유아기의 초기경험은 이후의 모든 성장과 발달의 기초가 되며 밀접한 관계를 갖는다. 초기 발달의 경험은 신체적 발달의 특성이나 심리적 특성에도 매우 중요할 뿐만 아니라 더 나아가 후에도 지속적인 영향을 준다. 프로이드나 에릭슨의 발달이론에서도 초기의 양육자와의 신뢰로운 관계는 친구관계, 이성관계, 부부관계 등에 긍정적인 영향을 준다. 반면에 초기의 불신감은 부정적으로 영향을 끼치며 이러한 관계는 누적적으로 영향을 준다고 밝히고 있다. 따라서 초기의 바람직한 경험은 아동의 발달을 촉진하지만, 바람직하지 못한 경험은 발달을 지연시키거나 문제행동을 발생시킬 수도 있다.

7) 발달의 각 영역은 밀접한 관계를 가진다.

아동의 특정 영역의 발달은 다른 영역의 발달을 촉진하거나 유도하는 경향이 있다. 게젤(Gesell)에 의하면 "성장의 소산은 직물에 있어서 날실과 씨실의 관계와 같다"고 하였다. 신체적 발달은 인지적 발달에 영향을 주며, 인지적 발달은 사회 및 정서발달에 관계되기도 한다. 감성지수라고 하는 EIQ 또는 EQ, 도덕성지수라고 하는 MIQ 또는 MQ, 사회성지수를 의미하는 SIQ 또는 SQ를 보더라도 각 영역의 발달이 상호 관련되어 있음을 알 수 있다.

4. 인간발달의 단계 및 발달과업

발달의 원리에서 살펴본 바와 같이 발달은 연속적이지만 속도는 일정하지 않다. 이러한 양적 · 질적 변화의 특성에 맞춰서 발달 과정을 분류하는 것이 발달단계이다. 많은 발달심리학자들이 전 생애적 발달단계를 주장하고 있다.

- 브롬리(Bromley, 1966)의 16단계 : 접합자, 배아기, 태아기, 탄생, 영아기, 학령전기, 초등학교 시기, 사춘기와 고등학교 시기, 청년후기, 성인초기, 성인중기, 성인후기, 은퇴 이전 시기, 은퇴기, 노년기, 노쇠기
- 뷜러와 마사릭(Buhler와 Massarik, 1968)의 5단계 : 아동기, 청년기, 성인중기, 성인후기, 노년기
- 융(Jung, 1970)의 4단계 : 아동기, 청년기, 성숙기, 노년기
- 해비거스트(Havighurst, 1972)의 6단계 : 아동초기, 아동중기, 청년기, 성인초기, 성인중기, 성인후기

따라서 일반적으로 태내기, 신생아기, 영아기, 유아기, 아동기, 청소년기, 성인초기, 성인중기, 성인후기 또는 노년기로 분류할 수 있다.

각 발달단계는 그 단계에서 반드시 성취함으로써 개인으로 하여금 성공적인 발달을 통하여 사회에 잘 적응하도록 지향할 과제가 있는데 이를 발달과업(developmental task)이라 한다. 만일 한 단계에서 발달과업을 성취하지 못하면, 이후의 발달과업 달성도 어려움을 겪게 된다.

각 단계의 발달과업을 해비거스트(1972)가 제시한 것을 중심으로 살펴보면 다음과 같다.

1) 영아기와 유아기(또는 아동초기)의 발달과업

- 보행을 학습한다.
- 단단한 음식 먹는 것을 학습한다.
- 말하기를 학습한다.
- 배설통제를 학습한다.
- 성차를 알고 성예절을 학습한다.
- 생리적 안정을 유지한다.
- 사회적, 물리적 현실에 관한 단순 개념을 학습한다.
- 가족 및 타인과 정서적 관계 맺는 것을 학습한다.
- 옳고 그름을 판단하는 것을 배우며 양심이 발달된다.

2) 아동기(또는 아동중기)의 발달과업

- 놀이에 필요한 신체적 기술을 학습한다.
- 성장하는 유기체로서 자신에 대한 건전한 태도를 형성한다.
- 또래친구와 사귀는 법을 배운다.
- 적절한 성역할을 학습한다.
- 읽기, 쓰기, 셈하기의 기본 기술을 익힌다.
- 일상생활에 필요한 개념을 학습한다.
- 양심, 도덕, 가치체계가 발달한다.
- 사회집단과 제도에 대한 태도가 발달한다.

3) 청년기(또는 아동후기)의 발달과업

- 자기의 신체를 인정하고 자신의 성역할을 수용한다.
- 동성이나 이성의 친구와 새로운 관계를 형성한다.
- 부모와 다른 성인들로부터 정서적으로 독립한다.
- 경제적 독립의 필요성을 느낀다.
- 직업을 선택하고 준비를 한다.
- 유능한 시민으로서 갖추어야할 지적 기능과 개념을 획득한다.
- 사회적으로 책임있는 행동을 원하고 이를 실천한다.
- 결혼과 가정생활을 준비한다.
- 적절한 과학적 세계관에 맞추어 가치체계를 형성한다.

4) 성인초기의 발달과업

- 배우자를 선택한다.
- 배우자와 함께 생활하는 방법을 학습한다.
- 가정을 꾸민다.
- 자녀를 양육하고 가정을 관리한다.
- 직업생활을 시작한다.
- 시민의 의무를 완수한다.
- 마음 맞는 사람들과 사회적 집단을 형성한다.

5) 성인중기의 발달과업

- 시민으로서의 의무와 사회적 의무를 완수한다.

- 경제적 표준생활을 확립하고 유지한다.
- 십대의 자녀들을 책임있고 행복한 성인이 되도록 선도한다.
- 여가시간을 활용할 줄 안다.
- 배우자와의 인간적 관계를 유지한다.
- 중년기의 생리적 변화를 인정하고 그것에 적응한다.
- 노년기의 부모에게 적응한다.

6) 성인후기의 발달과업

- 신체적 힘과 건강이 쇠퇴되는 것에 적응한다.
- 은퇴와 수입감소에 적응한다.
- 배우자의 사망에 적응한다.
- 동년배와의 유대관계를 재정립한다.
- 사회적 시민의 의무를 수행한다.
- 생활에 적합한 물리적 환경을 조성한다.

제 2 부

아동발달이론

제2장

정신분석학적 관점

1. 프로이드의 심리성적 이론
2. 에릭슨의 심리사회적 이론

우리는 꿈을 꾸고 나면 꿈을 해석하고 싶어한다. 무의식적인 감정이 우리들의 행동을 지배하고 있다고 생각해 본 적은 있는지? 만약 그렇다면 무의식적인 힘이 인간의 행동을 유발시킨다는 정신분석학적 관점의 가정을 지지하고 있는 것이다. 이러한 견해는 20세기 초 이전에는 들어보지 못했던 것이다. 그것은 아동기에 있었던 무의식적 갈등이 훗날 행동이나 성격에 영향을 주게 된다는 것을 사람들이 깨닫도록 하기 위해서 프로이드가 사용했던 치료 방법인 정신분석에서 비롯되었다. 본 장에서는 대표적인 정신분석학적 관점인 프로이드의 심리성적 발달이론과 에릭슨의 심리사회적 발달이론을 살펴보고자 한다.

1. 프로이드의 심리성적 이론

S. Freud

정신분석학(psychoanalysis)의 창시자인 프로이드(S. Freud, 1856-1939)의 생애를 간략하게 살펴보면, 그는 8형제 중 맏이로, 어머니가 자신을 제일 좋아한다고 믿으면서 자라왔고, 위대한 성취를 이룰 것이라고 기대하였다(E. Jones, 1961). 그의 꿈은 유능한 의사가 되는 것이었지만, 유태인에 대한 제약 때문에 할 수 없이 개인적으로 의술을 익혀 왔다.

그의 주요 관심사는 신경학이었지만 당시에는 초보적인 단계에 있었다. 그는 정서적인 혼란의 원인이 유아기의 충격적인 초기경험에 있다고 믿었다. 또한 무의식적이고 본능적인 욕구가 성적이고 공격적인 행동을 유발하고, 강렬한 욕구들이 사회 구조와 갈등을 일으키게 되어 불안을 형성한다고 하였다.

홉즈(Hobbs)는 인간의 내면에 공격성과 성적 욕구를 지니고 있어서, 만약 인간의 자연스러운 충동을 그냥 내버려두면, 살인, 강간, 약탈 등을 저지르게 된다고 주장하였다. 이 내적 야수에게 재갈을 물리기 위해 인간은 사회계약을 만들고 국가라고 하는 보다 큰 사회단위에 자신을 종속시켰다는 것이다. 홉즈와 마찬가지로, 프로이드도 인간의 원초아는 결과가 어떻게 되든 맹목적으로 만족을 추구하는 쾌락의 원리에 의해 통제받는다고 하였다. 따라서 야만적이고 이기적인 인간성은 문명에 의해 길들여져야 한다는 것이다.

그의 이론은 성에 대해서 배타적이었던 당시 상황에서는 거부적이었지만, 결국에는 국제적인 관심을 끌게 되었다. 그러나 성과 공격성을 지나치게 강조한다는 점에서는 논란이 되고 있다. 한편 그의 딸 안나 프로이드는 아버지의 이론을 이어받아 아동에게 사용할 수 있는 정신분석방법을 고안하였다.

정신분석학적 관점에서 행동이란 단지 표면적인 특성이고, 발달의 실체에 대한 이해는 행동의 상징적 의미와 정신세계의 깊은 내부 작용을 분석함으로써 알 수 있다고 믿는다. 또한 정신분석 이론가들은 부모와의 초기 경험이 발달을 형성한다고 강조한다.

따라서 정신요법에서는 무의식에 있는 문제들을 의식세계에서 해결하는 방법으로, 정화, 해석(실연, 유머, 꿈 분석), 투사적 방법, 자유연상, 놀이치료, 자아훈련 등을 사용하여 무의식을 의식화하여 해결의 실마리를 찾아내는 것이다.

1) 정신의 세계

(1) 무의식 세계(unconscious aspect)

정신의 가장 큰 부분이다. 무의식세계는 의식 밖에 있기 때문에 전혀 의식하지 못하는 영역으로서 자신이나 사회에서 용납될 수 없는 과거의 경험이나 생각, 충동들이 억압되어 있는 부분이다.

(2) 전의식 세계(preconscious aspect)

원할 때 쉽게 의식화 할 수 있는 기억, 사고, 꿈으로 이루어져 있다. 고등학교 시절 친구의 이름이나 그 친구에 대한 추억 등은 전의식이다. 전의식에 저장된 정보는 현재 인식할 수 없지만 쉽게 인출하여 인식할 수 있다.

(3) 의식 세계(conscious aspect)

우리가 인식할 수 있는 사고, 감정, 지각 등으로 구성된다. 현재 사고하거나 지각하고 있는 것은 모두 의식이다. 그러나 의식은 인간이 활용할 수 있는 정보의 극히 일부분에 불과하다.

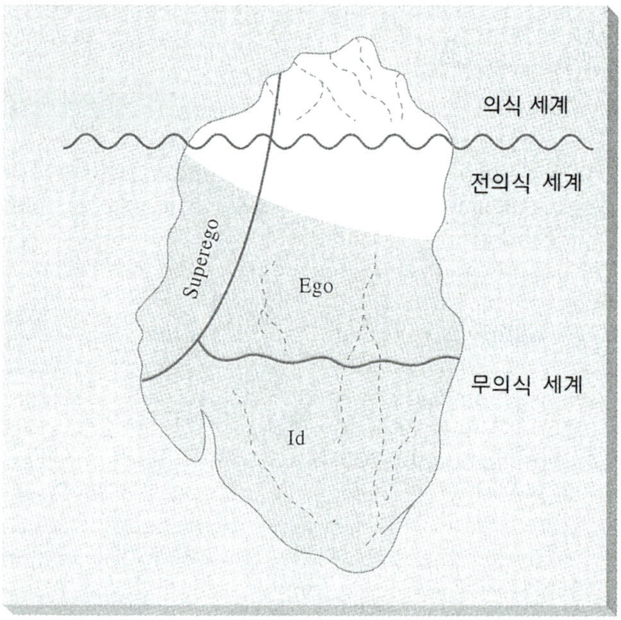

그림 2-1 프로이드의 정신의 세계 및 성격의 구조

* 출처 : Santrock, 2006.

2) 성격의 구조

프로이드는 개인 내의 갈등적 경향성들에서 세 가지 종류를 추출해 내었고, 인간 성격의 하위체계를 구성하는 것으로 생각하게 되었다. 그 세 가지는 원초아(id), 자아(ego), 초자아(superego)이다(그림 2-1, 2-2). 프로이드에 의하면, 인간내부에 세 가지 다른 사람이 살고 있는 것처럼 이 세 체계를 취급하고 있다. 그러나 그것은 은유일 뿐이며, 원초아, 자아, 초자아는 세 가지 매우 다른 반응 패턴을 의미하는 것이지 그것들 자체가 사람들은 아닌 것이다(Freud, 1923).

프로이드는 성격이 세 가지 구성요소로 이루어진다고 개념화하였다.

(1) 원초아(id)

원초아는 성격의 가장 원시적인 부분으로서, 성격의 다른 두 측면 즉, 자아와 초자아는 원초아로부터 파생된다. 원초아는 음식, 물, 배설, 수면, 성적 욕구와 같은 본능적(instinct) 충동 모두를 포함하고 있다.

출생시부터 존재하는 본능적 욕구, 즉 원초아는 인간의 욕망에 대한 즉각적인 만족을 통하여 긴장을 해소시키기 위한 정신적 에너지의 저장소이다. 프로이드의 관점에서 원초아는 전적으로 무의식 세계의 현실과는 격리된 '쾌락의 원리(pleasure principle)' 즉, 여건이 어떻든, 어떤 대가를 치르든, 지금 당장 욕구를 충족받고자 하는 원리이다.

원초아의 맹목적 쾌락추구는 자아와 외부세계, 환상과 현실, 소망과 소유간의 아무런 구분도 알지 못한다. 원초아의 충동은 반사적 운동으로 표출되며, 만약 욕구충족이 불가능해지면 공상이라는 원시적 사고로써 충족을 얻으려 한다.

(2) 자아(ego)

신생아는 원초아만을 갖고 있다. 그러나 원초아는 곧 환상에서 벗어나 외적 현실이라는 거친 벽에 부딪치게 된다. 즉각적인 만족이 항상 가능하지 않다는 것을 알게 된다. 엄마의 젖이나 우유가 항상 대기하고 있는 것은 아니어서 아기는 배고프다고 울어야만 한다. 자아는 원초아에서 파생된 것으로 합리적이며 상식적인 의미를 지니고 있다. 또한 자아는 생후 1년 동안 발달하며 만족을 얻기 위해 적절한 방법을 추구하는 '현실의 원리(reality principle)'에 의해 통제를 받는다. 따라서 자아는 원초아와 초자아가 발달할 때까지 중개적인 역할을 한다. 아동이 현실적인 요구와 압박을 경험하면서 성격의 새로운 부분인 자아가 발달하게 된다. 그러나 원초아와 자아는 도덕성을 가지고 있지 않다. 그것들은 무엇이 옳고 그른지를 고려하지 않는다.

시간이 지남에 따라 욕구와 현실 사이의 대립은 점점 더 많은 기술을 요구하기 때문에, 이와 병행하여 성숙된 사고와 기억의 구조를 넓혀간다. 스스로를 바라볼 수 있는 능력을 갖추게 될 때, 프로이드가 말하는 '자아'라는 명칭에 도달하게 된다.

(3) 초자아(superego)

자아를 지배하는 것은 하나만이 아니다. 아동이 좀더 성장하면 자아가 일종의 재판관 같은 새 반응양식이 자아 내부로부터 발달한다. 이 새로운 심적 작용을 초자아라고 부르는데, 이것은 부모의(그리고 부모를 통한 사회의) 규칙과 훈계가 내면화된 것이다. 처음에 자아가 두려워했던 것은 외적 현실뿐이었지만 조금 뒤에는 실제상의 아무런 처벌이 없을 경우에도 금지된 행위에 통제받게 된다. 이러한 변화가 일어나게 되는 이유는 아동 자신이 칭찬 혹은 꾸중하는 부모인 것처럼 생각하고 행동할 수 있게 되었기 때문이다. 3세 아동은 가끔 흙장난이나 어떤 못된 짓을 하게 되는 경우 자신의 손바닥을 찰싹 때리는 행동을 보인다.

자동차 운전에 비유하자면 이드는 무조건 뛰쳐나가려는 엔진, 수퍼에고는 법규만 위반하면 곧장 딱지를 떼려는 경찰, 그리고 에고는 법규를 위반하지 않으면서 이드를 끌고나가는 운전자라고 할 수 있다.

그림 2-2 프로이드의 성격의 구조

프로이드 성격 구조인 초자아는 '도덕성의 원리(moral principle)'에 의해 통제받게 된다. 초자아는 부모나 사회의 성인(교사와 같은)이 아동에게 가르쳐 온 가치를 나타낸다. 대체적으로 동성의 부모에 대한 동일시를 통하여, 초자아는 사회적으로 승인된 '해야하는 것'과 '해서는 안 되는 것'을 가치체계에 내면화시킨다. 즉 무엇이 옳고 그른지를 결정한다. 우리는 종종 초자아를 양심이라고 부른다.

3) 심리성적 발달단계

프로이드는 그의 정신질환자들을 분석한 결과, 환자들의 문제가 인생 초기의 경험의 결과라는 것을 확인하였다. 프로이드는 5단계의 심리성적 발달단계를 거친다고 믿었고, 발달의 각 단계에서 신체의 한 부분에서 쾌감을 경험한다고 믿었다. 이러한 갈등들이 해결되지 않을 때, 발달의 특정 단계에 고착될지도 모른다는 것이다. 프로이드 이론에 의하면, 영아기, 유아기, 아동기, 청소년기를 거치면서 쾌감이 한 신체부위에서 다른 신체부위, 즉 입에서 항문, 생식기로 옮겨가는 심리성적 발달단계의 불변적인 순서를 거쳐 간다. 각 단계마다 만족의 근원인 행동은 수유에서 배설, 성적 활동으로 변화해 간다. 비록 이러한 단계는 불변할지라도 변화가 일어나는 시기는 아동의 성숙 수준에 따라 각기 다르다.

고착 현상은 개인의 욕구가 각 발달단계에서 충족되지 못하거나 과도하게 충족되었을 때 발생하게 된다. 예를 들어, 너무 빨리 젖을 떼거나 너무 오랫동안 젖을 먹은 아동은 지나치게 불신적이거나 의존적이 된다는 것이다.

(1) 1단계 : 구강기(oral period, 출생-1.5세)

구강기는 프로이드의 첫 번째 발달단계로, 생후 18개월 동안에 나타나며, 그 시기에 영아의 가장 큰 만족은 입 주변에 집중되어 있다. 쾌락의 근원은 빨고 씹고, 깨무는 것과 같은 입에 집중된 활동이다. 이러한 행동은 영아에게서 긴장을 감소시킨다. 구강이 세상을 알아가는데 가장 적절한 부위로, 아동은 사물을 입에 넣어봄으로써 사물을 분별하게 된다.

(2) 2단계 : 항문기(anal period, 1.5-3세)

항문기는 프로이드의 두 번째 발달단계로, 1.5-3세에 나타나며, 항문이나 그것과 연관된 배설 기능을 포함한다. 프로이드 관점에서 배변 훈련은 긴장을 감소시킨다. 쾌감의 근원이 항문부위로, 아동은 배설물을 보유하고 내보내는 것으로부터 감각적 만족을 얻는다.

(3) 3단계 : 남근기(phallic period, 3-6세)

남근기는 프로이드의 세 번째 발달단계이다. 남근기는 3-6세 사이에 나타난다. 남근기는 라틴어 phallus에서 유래하였으며, penis를 의미한다. 남근기 동안 만족은 남아와 여아들 모두 자기 조작(self-manipulation)이 즐겁다는 것을 발견하면서, 쾌감의 근원은 생식기에 집중되어 있다.

이 단계는 '가족 로맨스의 시기'로 오이디푸스 콤플렉스와 엘렉트라 콤플렉스가 나타나기 때문에 성격발달에 있어서 중요하다. 이 이름은 그리스 신화에서 유래되었는데, 오이디푸스는 테베의 왕자였고, 의식하지 못한 상태에서 자신의 아버지를 죽이고 어머니와 결혼하였다. 프로이드에 의하면, 오이디푸스 콤플렉스와 엘렉트라 콤플렉스는 동성 부모를 배신하고 이성 부모의 애정을 즐기고 싶어하는 격렬한 욕구를 지닌 유아기의 발달 특성이다.

그렇다면 이들 콤플렉스를 어떻게 해결할 것인가? 5-6세의 아동은 동성의 부모가 자신의 근친상간 욕구를 벌할지도 모른다고 인식한다. 이러한 갈등을 감소시키기 위해, 아동은 동성의 부모와 동일시하면서 좋아하려고 노력한다. 만약 갈등이 해결되지 않는다면, 남근기에 고착되어 과시적이고 공격적인 남근기적 성격의 소유자가 된다.

(4) 4단계 : 잠복기(6세-사춘기)

프로이드의 네 번째 발달단계로, 대략 6세에서 사춘기 사이에 나타난다. 이 시기의 아동은 성적인 모든 관심을 억압하고 사회적 및 인지적인 기술을 발달시킨다. 이러한 활동은 아동으로 혀여금 정서적 안정감을 주며, 남근기의 스트레스 등 많은 갈등을 해소하도록 돕는다.

(5) 5단계 : 생식기(사춘기 이후-)

생식기는 프로이드 다섯 번째 마지막 발달단계로, 사춘기 이후부터 나타난다. 생식기는 성적 각성을 하는 시기이다. 성적 만족의 원천은 가족이 아닌 타인이 된다. 프로이드는 부모와 해결되지 않은 갈등이 청소년기 동안 다시 나타난다고 믿는다. 이러한 갈등이 해결되었을 때, 개인은 성숙한 애정 관계를 발달시킬 수 있고 성인으로서 독립적인 기능을 수행할 수 있다.

프로이드는 잠복기 이전까지를 유아성욕기(infantile sexualism)라고 하고, 생식기 이후를 이성애착기(heterosexulism)라 하였다. 각 단계에서 긍정적인 발달을 성취한 사람은 이타적이고 성숙한 생식기적 성격(genital character)의 특징을 보인다(안영진, 2006).

4) 방어기제

프로이드는 인간이 현실을 왜곡함으로써 무의식적으로 갈등에 대처하는 방법인 여러 가지 방어기제(defence machanism)를 설명하고 있다. 그는 모든 사람이

때때로 방어기제를 사용한다고 믿었다. 이러한 방어기제는 건전한 정서를 해치게 되면 질병이 생긴다. 대표적인 방어기제는 다음과 같다.

(1) 억압(repression)

근심과 경험을 의식으로부터 막아내는 것으로, 프로이드는 어린 시절를 잘 기억할 수 없는 것은 부모에 대한 혼란된 성적 감정을 억압했기 때문이라고 주장하였다.

(2) 고착(fixation)

한 단계로부터 다른 단계로의 발달이 정지되어 다음 단계로 옮겨가지 못하고 일정한 단계에 머물러 있는 경우이다. 이러한 일이 심리적 발달과정에서 일어날 때 '고착'이라고 한다. 지나친 욕구불만이나 진보하는 것에 대한 불안은 아동의 자아가 그 단계에 머물러 있음으로 자신을 방어하는 것이다. 예를 들면, 초등학교에 입학한 아동들이 약간은 걱정을 하는 것이 이에 속한다.

(3) 퇴행(regression)

어렸을 때의 행동특성으로 되돌아가는 것으로, 인간은 어려운 상황이 되면 안정을 찾기 위해 퇴행을 한다. 예를 들면, 초등학교에 입학한 아동이 엄지손가락을 빨거나 동생이 생긴 아동이 이부자리에 오줌을 싸는 행동을 보인다. 그 위기가 지나면 대부분 부적절한 행동은 사라진다.

(4) 투사(projection)

자기 자신이 용납할 수 없는 사고와 감정을 타인의 탓으로 여기는 것이다. 예를 들면, 새로 태어난 아기를 질투하는 아동은 아기가 자기를 질투한다고 말을 한다.

(5) 합리화(rationalization)

바람직하지 못한 행동에 그럴듯한 이유를 말하면서 정당화시키는 것을 말한다. 이솝우화의 '신 포도' 비유가 대표적인 예라 할 수 있다.

(6) 반동형성(reaction formation)

염려가 되는 감정 대신 그와 정반대의 감정으로 대치하는 것으로, 인간은 그들이 실제로 느끼는 것과는 정반대로 말을 한다. 예를 들면, 지나치게 성적 욕구가 강한 사람이 지나치게 성적인 것을 혐오하게 된다.

(7) 승화(sublimation)

과도한 성적 또는 공격적인 충동을 공부나 일, 운동, 취미와 같은 사회적으로 용납되는 행동으로 표현하는 것을 말한다. 예를 들면, 아이를 낳지 못하는 여교사가 담임반 아이들을 자녀처럼 사랑하거나 분노의 감정을 종교적인 행위를 통하여 해소하는 것 등을 들 수 있다.

5) 프로이드 이론에 대한 평가

프로이드 이론은 많은 정신분석학자들에 의해 평가를 해왔다(Eagle, 2000). 현대의 정신분석학자들은 성적 본능을 중요시하지 않고, 개인의 발달을 결정짓는 요인으로 문화적 경험을 강조하고 있다. 무의식 세계에 대해서는 주요 이슈로 남아 있지만, 대부분의 현대 정신분석학자들은 프로이드가 주장한 것보다도 의식 세계가 더 많이 차지하고 있다고 주장한다.

프로이드는 인간성에 관해 궁극적으로 홉즈(Hobbes)식 관점을 가지고 있는바, 이 관점 자체에 관한 의혹도 충분히 근거가 있다. 심리성적 발달에 관한 그의 일반적 이론은 증거가 희박하고, 프로이드가 문화적 요인을 희생시키면서 생물학적 요인을 지나치게 강조했다고 믿을 이유도 충분하다. 최근에는 프로이드의 많은 이론적 제안은 모호하고 비유적이어서 그것의 진위를 판단할 수 있는 방법이 분명치 않다는 것에 대체적으로 동의하고 있다. 그렇지만 많은 심리학자들은 프로이드가 여러 세부적인 부분에서는 틀렸다고 하더라도, 이 분야에 대한 공헌은 인정되어야 한다고 주장한다.

프로이드가 주장한 주요 개념, 즉 우리에게는 가끔 자각되지 않는 무의식 세계에서의 내적 갈등이 있다는 것이다. 프로이드 이론은 앞으로 얼마나 많은 수정과 평가를 받아야 할지 모르지만, 여전히 지지받고 있다. 덧붙여 인간본성에 대한 거의 모든 영역을 다루고 있으며, 합리적 사고와 정서적 측면 모두를 포함하고 있다. 또한 인간을 사회적 존재일 뿐만 아니라 생물학적 존재로서, 현재가 과거에 뿌리를 둔 존재, 아동이면서 동시에 성인의 존재로서 이해하였다는 것이다.

2. 에릭슨의 심리사회적 이론

E. Erikson

에릭슨(E. Erikson, 1902-1994)은 비엔나에서 안나 프로이드에게 훈련을 받은 독일 태생의 정신분석학자이다. 그는 프로이드학파의 해체를 강요하는 나찌의 위협을 피하여 1933년 미국으로 왔다. 에릭슨은 프로이드의 공헌을 인정하였지만, 프로이드가 인간발달의 몇 가지 주요 부분에 대해서는 오판을 했다고 믿는다. 에릭슨(1950, 1968)은 프로이드가 주장하는 것처럼 심리성적단계로 발달한다기보다 심리사회적 단계를 거치면서 발달한다고 주장한다. 프로이드에 따르면, 인간 행동의 동기는 성적인 본능적 욕구로 보았다. 반면에 에릭슨은 사회적이고 다른 사람들과 관계를 맺고 싶어하는 욕구로 보았다. 또한 에릭슨은 인간의 일생을 통해 발달적 변화를 강조하는 반면, 프로이드는 우리의 기본적인 성격은 6세 이전에 형성된다고 주장하였다. 에릭슨의 심리사회적 이론에서는 8단계에 걸쳐 발달이 이뤄지고 있음을 주장하고 있다(표 2-1). 각 발달단계는 개인들이 해결해야할 위기를 지닌 독특한 발달과업을 직면하게 된다. 이 위기는 약점을 보완하면서 동시에 잠재력을 강화시킨다. 개인이 위기를 성공적으로 해결할수록 더욱 건전한 발달이 될 것이다(Hopkins, 2000). 에릭슨은 프로이드보다 더 넓은 개인적, 전문적 경험을 통하여 프로이드 이론을 수정하고 확장시켰다.

에릭슨의 접근방법은 복잡한 혈통, 부모의 이혼, 부친과의 소원한 관계, 직업의 실패, 이주민으로서의 정체감을 재정의할 필요성을, 불안정한 청소년과 2차 세계대전의 군인들을 관찰했던 '정체감 위기(identity crisis)'에서 잘 반영하고 있다(Erickson, 1968, 1973 : R. I. Evans, 1967). 에릭슨 이론에서 주요개념은 자아정체감 형성이다.

에릭슨은 프로이드 이론이 인성발달에 미치는 사회적 영향을 배제하였음을 지적하였다. 이에 반하여 에릭슨은 자아나 자신의 발달을 형성하는 긍정적인 힘으로서 사회를 보고 있다.

1) 에릭슨의 심리사회적 이론 : 8가지 위기

에릭슨의 심리사회적 이론(psychosocial theory)은 프로이드의 성격의 구조 중에서 현실의 원리에 의하여 조절되는 자아를 중심으로 이론을 전개하였다. 심리사회적 발달의 각 단계는 성격발달의 위기인 전환점에서 발생한다. 각 전환점에서는 여러 가지 중요한 갈등이 일어나는데, 특히 각 단계에 결정적인 갈등이 있다. 건강한 자아발달이란 일생 중 특정 단계에서 부딪치게 되는 특정 위기에 대한 요구에 적절히 적응하는 것을 뜻한다(Papalia, 1991). 만약 그 갈등이 만족스럽게 해결되지 않는다면, 그 갈등을 해결하려고 계속 노력할 것이며 건전한 자아발달은 방해를 받을 것이다.

에릭슨(1950)은 심리성적 이론의 기본 골격을 수용하면서 각 단계의 발달을 확장하였다. 심리사회적이론에서는 자아가 원초아의 충동과 초자아의 요구 사이를 중재하는 것은 아니며, 발달에서의 긍정적인 힘이라고 강조했다. 각 단계에서 자아는 능동적이고 사회의 구성원으로서 성공할 수 있는 개인을 만드는 태도와 기술을 요구한다.

심리적 위기는 긍정에서 부정까지 연속선상에서 이루어지는데, 각 단계마다 적응과 부적응의 결과가 발생한다. 〈표 2-1〉를 보면 발달초기의 5단계는 프로이드의 단계와 유사하지만 에릭슨은 3단계를 추가하여 전 생애에 걸친 발달의 과정을 8단계로 설명하고 있다.

(1) 1단계(0-1세) : 기본적인 신뢰감 대 불신감

에릭슨의 첫 번째 심리사회적 단계이며, 이것은 생후 1년 이내에 경험한다. 신뢰란 육체적인 편안함과 정신적인 안정을 통하여 앞날에 대한 불안감이 최소화된 상태를 말한다. 따라서 일관된 양육자에 일관된 양육태도가 성공적으로 위기를 극복할 수 있는 지름길이다. 이 시기에 형성된 신뢰감은 일생에 걸쳐서 기대감을 소유할 수 있게 된다.

(2) 2단계(1-3세) : 자율성 대 수치심

에릭슨의 두 번째 발달단계이며, 영아기 후기에서 유아기에 걸쳐서 나타난다. 양육자에 대한 신뢰를 얻은 후에 영아는 그들의 행동이 자신의 것이라는 것을 깨닫는다. 그리고 자신의 의지에 따라 행동할 것을 요구하기 시작한다. 또 자신의 의지를 깨닫는다. 만약 영아가 심하게 억압되거나 벌을 받는다면, 그들은 수치와 회의감에 빠지기 쉬울 것이다. 따라서 이 단계를 성공적으로 극복하려면 아동 스스로 경험할 수 있는 기회를 제공함으로써, 실수를 통하여 스스로 학습할 수 있도록 허용하는 분위기 형성이 무엇보다 중요하다.

(3) 3단계(3-6세) : 주도성 대 죄책감

에릭슨의 세 번째 발달단계이며, 유아기에 나타난다. 유아기 아동들은 영아기 때보다 좀더 넓은 사회를 접하면서 더 많은 도전을 받는다. 이 시기의 아동들은 그들의 신체, 행동, 장난감, 애완동물에 대해서 책임을 지도록 요구받는다. 책임감에 대한 이해를 발달시키는 것은 주도성을 증진시킨다. 아동이 책임감

이 부족하고 걱정이 많으면 죄책감이 발생할지도 모른다. 하지만 에릭슨은 이 단계에 대해 긍정적으로 보고 있다. 왜냐하면 대부분의 죄책감은 성취에 의해서 빠르게 보상받을 수 있다고 믿었기 때문이다.

(4) 4단계(6-11세) : 근면성 대 열등감

에릭슨의 네 번째 발달단계이며, 초등학교 시절에 나타난다. 아동초기의 주도성은 새롭고도 풍부한 새 경험을 하도록 안내한다. 아동 중기와 후기로 가면서 아동은 에너지를 지적인 기술을 연마하는 방향으로 돌린다. 이 시기는 풍부한 상상력을 소유하기에 학습에 대해 더욱 몰입한다. 그러나 이 시기의 위험은 아동이 열등감-무능력과 비생산성을 느끼는-을 발달시킬 수 있다는 것이다. 에릭슨은 교사가 아동의 근면성 발달에 특별한 책임을 가지고 있다고 믿는다. 따라서 교사의 칭찬은 아동으로 하여금 근면성을 촉진함으로써 보다더 진취적이게 한다. 아동이 결코 성취할 수 없다고 생각했던 일을 스스로 할 수 있다는 것을 발견하는 모험으로, 교사는 부드럽게 때로는 강하게 아동을 이끌어야 한다(Erickson, 1968).

(5) 5단계(청소년기) : 정체감 대 정체감 혼미

에릭슨의 다섯 번째 발달단계이며, 청소년기 동안 겪게 되는 단계이다. 이 시기에 개인은 자신이 누구이며, 자신이 하는 일이 무엇이며, 스스로 자신의 삶의 방향을 찾고자 한다. 청소년들은 많은 새로운 역할과 성인으로서의 지위에 직면하게 된다. 부모들은 청소년들이 특정한 역할 내에서 많은 다양한 역할과 다른 길을 탐험할 수 있도록 허용할 필요가 있다. 만약 청소년이 건전한 방법으로 그러한 역할들을 탐구한다면 긍정적인 정체감이 형성될 것이다. 반면에 부모의 지나친 간섭이나 많은 역할들을 적절하게 경험하지 못한다면 긍정적인 미래의 길이 보이지 않아서 정체성 혼란에 빠지게 된다.

(6) 6단계(성인초기) : 친밀감 대 고립감

에릭슨의 여섯 번째 발달단계이고, 성인초기 동안에 이 단계를 경험하게 된다. 이 시기에 개인은 다른 사람들과의 친밀한 관계를 형성해야 하는 발달과업에 직면하게 된다. 만약 성인초기에 건전한 우정을 맺고 다른 사람들과 따뜻한 관계를 형성한다면 친밀감이 형성될 것이다. 만약 그렇지 않다면 고립이 나타날 것이다.

(7) 7단계(성인중기) : 생산성 대 침체성

에릭슨의 일곱 번째 발달단계이며, 성인 중기에 이 단계를 경험하게 된다. 주요 관심사는 발달에 있어 젊은 세대를 돕고 유익한 삶으로 이끄는 것이다. 이것이 에릭슨이 말하는 생산성의 의미이다. 다음 세대를 돕기 위해 아무것도 하지 못한다는 느낌이 침체성이다.

(8) 8단계(성인 후기) : 자아통합감 대 절망감

에릭슨의 여덟 번째 그리고 마지막 발달단계로, 성인 후기에 해당한다. 이 단계에서 인간은 과거를 돌아보는데, 긍정적으로 회고하기도 하고 부정적으로 결론짓기도 한다. 성인후기에는 많은 경험을 통해 발달의 대부분 또는 모든 단계에서 긍정적으로 해결했다면, 인생을 잘 보냈다는 평가를 하게 되고, 만족감을 가지게 된다. 긍정적으로 통합감을 획득한다. 만약 이전 단계의 많은 부분을 부정적으로 해결했다면 대개 의심이나 우울함을 야기할 것이다. 이것이 에릭슨이 말하는 절망감이다.

에릭슨은 단계의 위기를 해결하기 위한 적절한 해결책이 항상 긍정적인 것이라고 생각하지는 않았다. 사람들 간 갈등의 부정적인 측면에 대한 약간의 노출이나 참여가 때로는 어쩔 수 없다. 그럼에도 불구하고 단계적 위기에 대한 건전한 해결책에서 긍정적인 해결이 우위를 차지한다(Hopkins, 2000).

3. 정신분석학적 관점에 대한 평가

- 발달에서 초기 경험이 중요한 역할을 한다.
- 가족관계는 발달의 중요한 면이다.
- 성격을 발달적으로 알아본다면 더 잘 이해할 수 있다.
- 정신은 모두 의식적인 것만은 아니다. 정신의 무의식 측면도 고려되어야 한다.
- 변화는 아동기 뿐만 아니라 성인기에도 일어난다.
- 정신분석이론의 주요 개념은 과학적으로 검증하기 어렵다.
- 정신분석이론을 지지하기 위해 사용되는 많은 자료들이 개인의 먼 과거 또는 정확치 못한 것으로부터 나온다.
- 발달의 성적인 토대는 매우 중요하다(특히 프로이드 이론에서).
- 무의식이 발달에 영향을 준다는 것은 많은 지지를 받는다.
- 정신분석이론은 부정적인 인간의 이미지를 보여준다(특히 프로이드 이론에서).
- 정신분석이론은 문화적이고 성과 관련된 것이 치우쳐져 있다.

프로이드 이론의 긍정적인 평가는 아동발달에 대한 이해에 상당한 공헌을 하였고, 서구 세계의 아동양육 방법에 대한 지대한 영향을 끼쳤다. 그는 유아의 성적 특성이나 무의적적 사고와 감정의 본질, 방어기제, 꿈의 중요성, 유아기에서의 부모자녀 상호작용의 중요성을 인식시켜 주었다. 또한 정신분석학적 치료방법을 고안하였고, 그것이 오늘날 심리치료방법의 토대가 되었다.

한편 부정적인 평가로는 시대적으로나 사회적으로 제한된 조건에서 출발하였고, 남성우월주의적인 유럽문화의 사회체계에 근간을 두었기에 여성을 비하시키고 있다. 또한 프로이드 이론의 기초가 되는 자료는 치료과정 중에 있었던 상류계층의 특수한 환자들로부터 얻은 것이라는 점이다. 건강의 요소로서 심리성적 갈등의 해결에만 초점을 둔 것은 너무 편협된 것으로 보이며, 그가 사용했던 주관적인 방법은 경험적 연구에 의해 검증되기 어렵다.

반면에 에릭슨 이론의 장점은 프로이드가 강조한 생물학적, 성숙적 요인 외에 발달에 영향을 주는 사회적, 문화적 영향을 인정한 것이다. 또 다른 장점이라면 프로이드가 청소년기에서 중단한 반면 에릭슨은 전 생애를 다룬 점이다.

프로이드와 에릭슨의 이론을 비교하면 〈표 2-1〉과 같다.

표 2-1 프로이드와 에릭슨 이론의 발달단계 비교

단계	시기	프로이드	에릭슨		
			심리 · 사회적 위기	주요 관계	덕목
1	출생–1.5세	구강기	신뢰감 : 불신감	어머니	희망
2	1.5–3세	항문기	자율성 : 수치/회의	아버지	의지
3	3–6세	남근기	주도성 : 죄의식	가족	목적
4	6–12세	잠복기	근면성 : 열등감	이웃, 학교	능력

단계	시기	프로이드	에릭슨		
			심리 · 사회적 위기	주요 관계	덕목
5	12–18세	생식기	자아정체감 : 역할혼미	또래집단, 지도자	충실
6	18–24세		친밀감 : 고립감	우정적 동료	사랑
7	24–54세		생산성 : 침체감	직장, 배우자	배려
8	54세–사망		자아통합 : 절망감	인류	지혜

제 3 장

기계론적 관점

기계론적 관점은 인간발달을 외적인 환경에 대한 반응으로 본다. 이는 프로이드 이론에서 설명하고 있는 무의식적 세계, 목적, 의지, 지능 등을 무시한다. 기계론적 관점에 해당하는 고전적 조건형성에 의하면, 인간은 기계처럼 외적인 자극에 대하여 수동적으로 반응하게 된다는 것이다. 따라서 어떤 사람에게 영향을 주는 중요한 환경적 요인을 밝힐 수 있다면, 그 사람의 행동도 예측할 수 있다는 것이다. 이러한 견해를 가진 심리학자들은, 특정 개인을 특정한 방식으로 행동하게 만드는 환경적 요인이 무엇인가를 밝혀내려고 한다. 행동주의자들은 기본적으로 우리가 과학적으로 연구할 수 있는 것은 오직 직접적으로 관찰되고 측정된 것 뿐이라고 믿는다. 프로이드가 환자들의 무의식적 정신세계를 그들의 아동초기 경험을 통해 해석했던 것과 대략 비슷한 시기에, 파브로브와 왓슨은 통제된 실험실에서 행동에 대해 연구를 하였다. 행동주의에서는 발달이란 환경과 경험을 통해 학습될 수 있는 관찰 및 측정가능한 행동의 변화라고 설명하고 있다. 우리가 살펴볼 기계론적 관점의 두 가지 형태는 행동주의에 해당하는 파브로브의 고전적 조건형성과 스키너의 조작적 조건형성 그리고 반두라의 사회학습이론이다.

1. 행동주의(behaviorism)

정신분석학적 관점에서는 인간행동의 원천이 무의식적 동기와 욕구에 있다고 보는 반면, 행동주의 관점에서는 관찰 및 측정가능하며 기록할 수 있는 행동에 초점을 둔다. 행동주의자들은 어떤 특정한 행동이 계속 발생하거나 그렇지 못하게 하는 직접적인 요인들을 밝히려고 한다. 이들은 생물학적 관점에서 인간이 할 수 있는 일의 한계가 정해진다는 사실을 인정하기는 하지만 환경의 역할을 강조한다.

행동주의는 학습이 발달을 주도한다고 보고 있다. 따라서 모든 연령의 인간들이 기쁨과 고통의 두려움을 주는 환경의 특성에 대해 반응함으로써 동물과 마찬가지 방식으로 세상에 대해 배운다고 믿고 있다. 행동주의자들은 질적인 것보다 양적인 변화에만 관심이 있으므로 발달단계를 기술하지 않는다. 그들의 견해에 의하면, 학습은 주로 조건형성을 통해 일어나며 발달은 곧 조건형성된 반응의 총합이라고 할 수 있다. 조건형성에는 고전적 조건형성과 조작적 조건형성의 두 종류가 있다.

1) 고전적 조건형성(classical conditioning)

1900년대 초기에 러시아의 생리학자인 파브로브(Ivan Pavlov, 1849-1936)는 개가 음식을 맛보았을 때 본능적으로 침을 흘린다는 것을 알았다. 그는 개들이 음식을 먹기 전에 다양한 자극에 침을 흘리는 것을 발견하고 호기심을 갖기 시작했다. 예를 들면, 음식과 함께 종소리를 짝지어 계속적으로 울리면, 종소리만 주어졌을 때도 침 흘리는 반응이 있었다. 개는 종소리와 먹이를 연합하도록 학습되었기 때문에 결과적으로 먹이가 없어도 종소리만 들어도 침을 흘리게 되는 것이다. 이 실험으로 파브로브는 고전적 조건형성의 원리를 발견했으며, 고전적 조건형성에서는 중립자극(종을 울리는 것과 같은)이 반복된 훈련에 조건자극이 된다.

고전적 조건형성이란 인간이나 동물의 학습에 있어서 원래는 반응을 유발하지 못하는 자극을, 반응을 일으키는 다른 자극과 반복적으로 연합시킴으로써 그에 대한 반응을 학습하게 하는 것이다(그림 3-1).

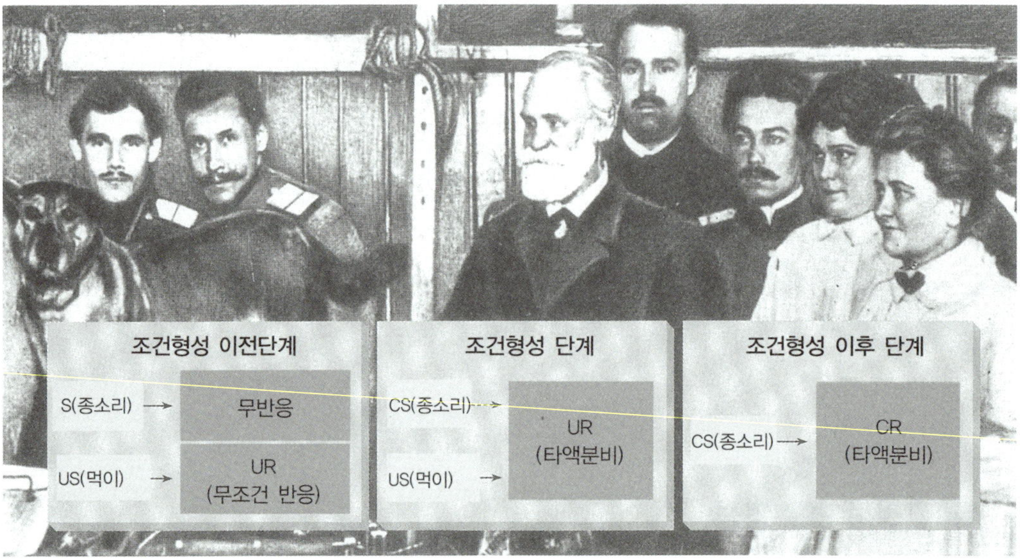

그림 3-1 고전적 조건형성의 절차

* 출처 : Santrock, 2006.

1920년대에 왓슨(J. B. Watson, 1878-1958)은 아동발달 연구에서 자극-반응 이론을 적용시킨 최초의 행동주의 학자였다. 그는 파브로브의 고전적 조건형성의 개념이 인간에게도 적용될 수 있는지를 연구하였다. 알버트의 실험은 유명한 고전적 조건형성의 대표적인 예라 할 수 있겠다(그림 3-2).

9개월의 알버트가 처음에는 흰쥐를 두려워하지 않았다. 2개월 후, 그가 흰쥐를 만졌을때 실험자가 알버트의 머리 뒤쪽에서 쇠망치로 강철 막대기를 치자 무서워서 울기 시작하였다. 이것을 반복하자 결국 알버트는 흰쥐를 보면 두려워서 울게 되었다. 여러 번 큰소리와 흰쥐를 짝지어 제시하면 알버트는 소리가 나지 않을 때에도 쥐를 두려워하기 시작했다(Watson & Rayner, 1920). 그러나 근래에는 윤리적인 문제로 인해 이러한 실험은 수행할 수 없게 되었다.

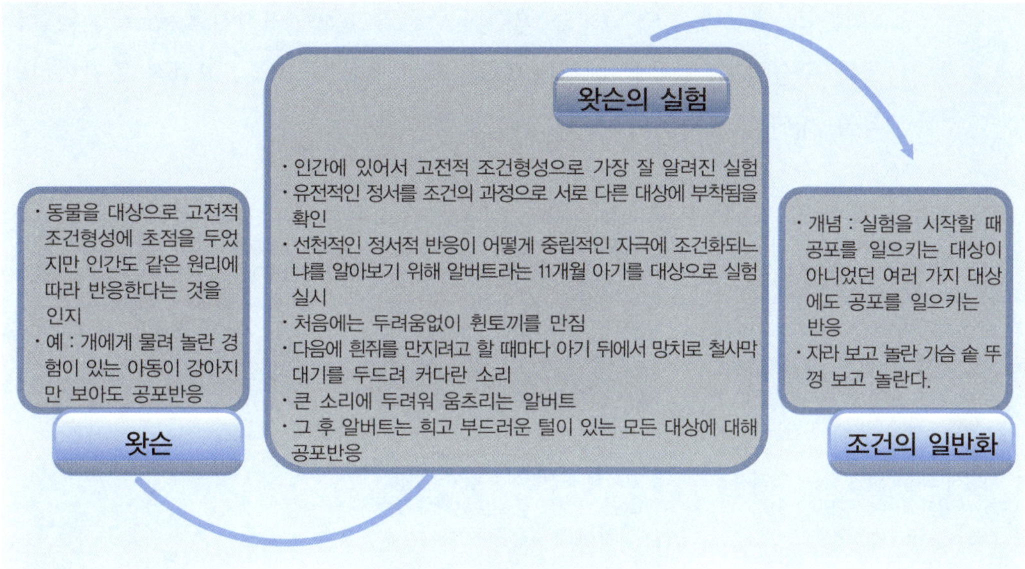

그림 3-2 왓슨의 정서적 조건형성

치아치료 과정에서의 공포, 자동차 사고에서 비롯된 운전에 대한 공포, 영아때 높은 의자에서 떨어져 생긴 고소공포증, 개에 물려서 생긴 개에 대한 공포, 영아기 때 대중목욕탕에서 물에 빠져 허우적거리던 물에 대한 공포 등은 고전적 조건형성에 의해 체득된 것이다.

알버트의 경험을 심리학적 용어로 기술하여 보면, 쇠망치로 강철 막대기를 치는 큰 소리는 무조건 자극이고, 그 소리로 인하여 발생되는 울음은 무조건 반사이다. 흰쥐는 중립자극이었으나 망치소리와 함께 반복적으로 흰쥐를 제시할 경우 그 흰쥐는 조건자극이 된다. 따라서 흰쥐를 보자마자 우는 반응은 조건반응이다. 이후에 흰토끼나 산타클로스의 흰수염 등에도 조건반응을 보였다. 근래에는 알버트를 놀라게 하기 위해 큰소리를 내어 위협하는 것은 조작적 조건형성과 유사하기 때문에 순수한 고전적 조건형성이 아니라고 비판한다. 그럼에도 불구하고 이 연구는 고전적 조건형성으로 여겨지고, 공포가 연합을 통해 학습될 수 있음을 제시하고 있다(D. E. Papalia, 1996). 고전적 조건형성의 주요 개념을 요약하면 [그림 3-3]과 같다.

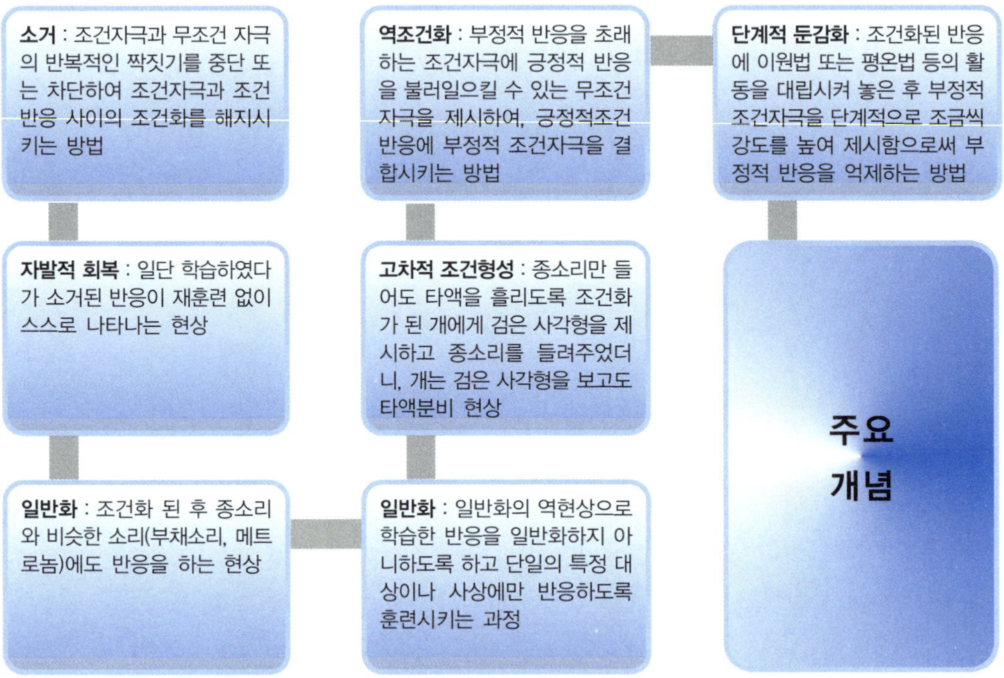

그림 3-3 고전적 조건형성의 주요 개념

2) 조작적 조건형성(operant conditioning)

행동주의자들에게 영향을 끼친 미국의 심리학자 스키너(B. F. Skinner, 1904-1990)는 부모나 교사, 동물 조련사 등이 그들이 원하는 행동을 형성

(shaping)하기 위하여 조건형성을 발달시켰다.

Skinner(1938)는 비둘기가 올바른 막대를 눌렀을 때 먹을 것을 줌으로써 여러 가지 색깔의 막대기에 반응하도록 가르쳤다. 그는 동물의 반응을 기초로 한 원리가 인간행동을 조절하는데 어떻게 적용될 수 있는지를 보여주고 있다. 즉, 유기체가 우연한 행동 중에 보상을 받은 행동은 강화되는 경향을 보이고 벌은 피한다는 것을 밝혀냈다. 이러한 원리는 조작적 조건형성의 기초가 되며 학습의 일종이라 할 수 있다.

스키너의 조작적 조건형성에서 행동의 결과는 그 행동의 발생 가능성에 영향을 준다. 만약 행동 뒤에 보상자극이 주어진다면 그러한 행동은 다시 발생할 경향이 많지만, 행동 뒤에 벌자극이 주어진다면 그러한 행동은 다시 발생할 경향이 적다. 예를 들어, 아동이 무언가를 행한 후, 그에게 미소를 보인다면 불쾌한 표정을 보였을 때보다 그 행동을 할 경향이 많다. 스키너에 따르면, 그러한 보상과 벌은 개인의 행동을 형성한다. 궁극적으로 스키너의 조작적 조건형성은 우연한 행동 중에 보상을 받은 행동은 증가(강화)한다는 것이다. 스키너의 조작적 조건형성의 주요개념은 강화, 벌 그리고 소거를 들 수 있다.

강화(reinforcement)는 행동 뒤에 따르는 자극이며 그 행동이 반복될 가능성을 증가시킨다. 벌도 행동 뒤에 따르는 자극이며 그 행동이 반복될 가능성을 감소시켜 준다. 〈그림 3-4〉는 조작적 조건형성이 어떻게 이뤄지는지를 나타내 준다. 강화는 즉각적일 때 가장 효과적이다. 만약 어떤 반응이 더 이상 강화되지 않으면, 즉 비둘기가 빨간 막대를 여러 번 눌러도 음식이 주어지지 않으면 결국 비둘기는 그 반응을 포기하거나 적어도 처음보다는 누르는 반응을 덜 하게 된다. 더 이상 강화되지 않는 반응이 중지되는 것을 소거(extinction)라 한다(그림 3-5).

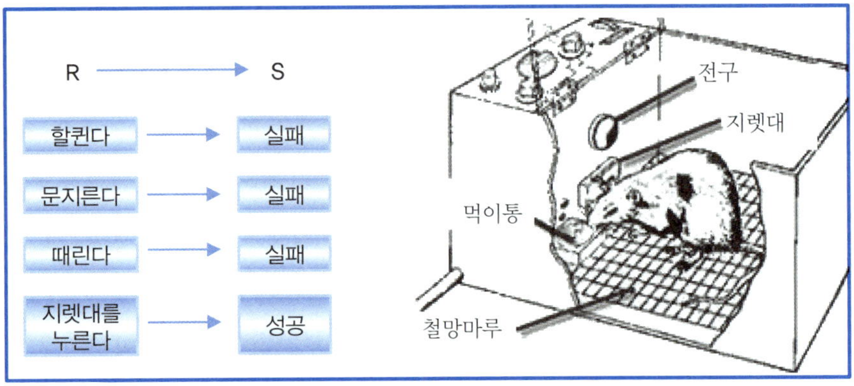

그림 3-4 스키너의 조작적 조건형성

그림 3-5 소거의 과정

강화는 긍정적일 수도 있고 부정적일 수도 있다. 정적 강화(positive reinforcement)는 음식이나 돈, 칭찬과 같은 좋아하는 자극을 제공하는 것을 말하며, 부적 강화(negative reinforcement)는 지나치게 밝은 빛이나 소음과 같이 싫어하는 자극을 제거해 주는 것이다.

강화계획에는 연속적 강화와 간헐적 강화가 있는데, 새로운 것을 학습할 때에는 연속적 강화가 필요하며, 학습된 행동을 유지하는 데는 간헐적 강화가 효과적이다. 간헐적 강화 방법에는 고정간격, 변동간격, 고정비율, 변동비율이 있다(그림 3-6).

표 3-1 강화와 벌의 유형

구 분		제시방식	
		자극 제공	자극 제거
자극의 결과	행동 증가	정적강화(칭찬)	부적강화(청소면제)
	행동 감소	정적벌(체벌)	부적벌(컴퓨터게임 금지)

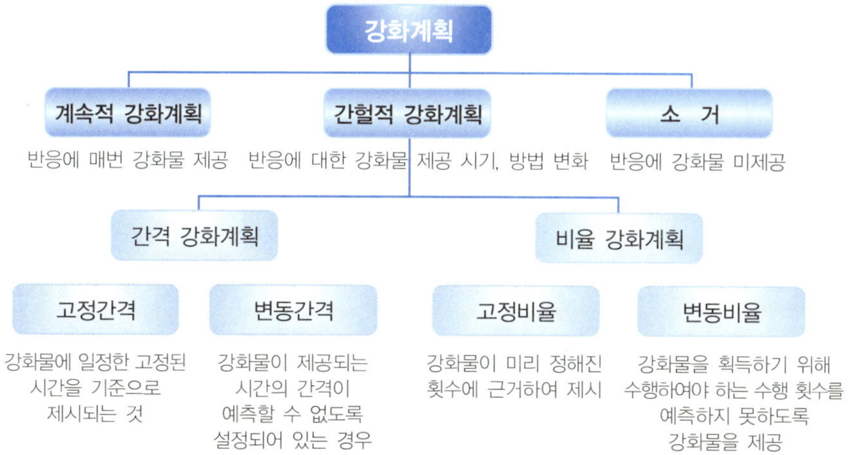

그림 3-6 강화계획

조작적 조건형성은 성인이나 아동의 행동을 훈련하거나 수정할 때 또는 계획된 학습에서 많이 활용되어온 방법이다. 만약 바람직한 행동이 나타나지 않는다면, 바람직한 행동과 점차적으로 비슷해지는 반응을 강화함으로써 새로운 반응이 나타나도록 하는데 이것을 행동형성(shaping)이라 한다. 예를 들면, 말을 하지 않는 아동의 부모는 아동이 어떤 소리만 내면 사탕을 준다. 다음에는 아동이 단어를 말한 후에만 사탕을 주고, 나중에는 문장으로 말해야만 사탕을 준다. 이와 같은 방법은 주로 행동수정에서 사용한다, 행동수정은 바람직한 행동은 증진시키며, 바람직하지 않은 행동은 약화 및 제거하는데 사용되어지는 조작적 조건형성의 한 형태이다. 주로 정신지체아나 정서장애와 같이 특수한 아동에게 필요하지만 정상 아동을 다룰 때에도 사용된다.

2. 사회학습이론(social learning theory)

A. Bandura

일부 심리학자들은 발달이란 학습되는 것이고 환경적 상호작용에 의해 영향을 받는다고 주장하는 행동주의자들의 견해에 동의한다. 그러나 발달을 이해하는데 인지가 중요하지 않다고 주장한다는 점에서는 동의하지 않는다. 발달의 주요 요인으로서 행동, 환경, 인지를 강조하는 관점으로 사회학습이론이 있다.

미국의 심리학자 반두라(A. Bandura, 1925-)와 미첼(W. Mischel, 1973, 1995)은 사회학습이론의 현대적 관점의 주요 개척자이며, 미첼(1973)은 최초로 사회학습이론을 명명했다. 반두라와 미첼은 인지과정이 환경과 행동의 연관성에 대한 중요한 요인이라고 믿었다. 반두라의 초기 연구는 다른 사람들이 하는 것을 관찰함으로써 학습된다는 관찰학습에 중점을 두고 있었다. 관찰학습은 모방과 모델링으로 언급되기도 한다. 반두라의 관점에서 인지란 무엇인가? 반두라는 사람들이 다른 사람들의 행동을 인지적으로 묘사하고, 그 후 이러한 행동을 자신에게 적용시킨다고 믿었다.

예를 들면, 한 어린 아동이 아버지의 공격적인 행동을 보고, 사람들 간의 적대적인 관계를 알게 된다. 그 후 이 아동의 친구관계를 관찰했을 때, 이 어린 아동의 상호작용 스타일은 매우 공격적이고 그의 아버지의 행동과 비슷한 성향을 보일 것이다.

반두라(1986, 2001, 2002)의 학습과 발달 모델의 대부분은 [그림 3-7]에서 보는 바와 같이 행동, 사람/인지 그리고 환경적 요인은 상호적으로 작용한다.

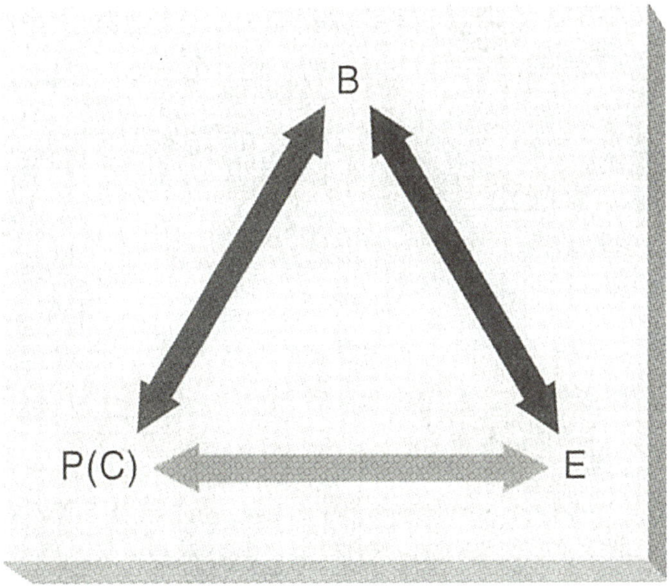

그림 3-7 반두라의 사회학습 모형

(B : 행동, E : 환경, P(C) : 개인 및 인지적 요인)

* 출처 : Santrock, 2006.

자신의 성공을 조절할 수 있다는 아동의 자신감은 사람 요인의 한 예이고, 사고는 인지요인의 한 예이다. 행동은 사람 요인과 역으로 영향을 줄 수 있다. 사람의 인지적 활동은 환경에 영향을 미칠 수 있고 환경은 사람의 인지를 바꿀 수 있다.

사회학습이론은 전통적인 학습이론에 근거를 두고 있지만 아동이 모델을 관찰하고 모방함으로써 학습한다는 것을 주장한다. 스탠포드대학의 교수이고 저명한 사회학습이론가인 반두라(Bandura, 1925)의 이론은 환경에 대한 반응을 강조한다는 점에서 기계론적 관점을 취하고 있다. 그러나 그의 이론은 행동주의에서 보다 학습자를 훨씬 더 능동적인 주체로 본다. 즉 세상에 대한 지식을 얻고 지식을 활용하는 인간의 능력에 영향을 주는 것으로서 인지적 요인의 역할을 높이 평가하고 있다. 행동주의자와 마찬가지로 사회학습 이론가들은 엄격한 실험을 강조한다. 행동주의자와는 다르게 사회학습 이론가들은 동물실험을 통해 발전된 이론으로는 사회적 상황에서 일어나는 인간의 학습된 행동을 충분하게 설명할 수 없다고 주장한다. 사회학습이론에 따르면 강화와 벌의 체계를 통해 행동을 형성하는 사람인 부모에 대한 아동의 동일시는 말을 배우고 공격적 행동을 자제하고 도덕심을 발달시킨다. 또한 성역할에 따른 행동을 배우는데 중요한 모델이 되고 있다.

이 이론에 의하면 아동은 유능한 모델을 선택하여 모방하는 능동적인 주체이다. 아동의 성향이 모델 선택에 있어서 영향을 준다. 예를 들면, 공격적인 경향이 심한 아동은 대개 행동이 우호적인 아동보다 공격적 모델을 더 모방하게 될 것이다. 따라서 남아는 여아보다 공격적 모델을 더 모방하기 쉽다.

물론 인간이 어떤 종류의 행동을 모방하느냐는, 특정한 문화권 내에서 어떤 종류의 행동이 존재하고 어떤 종류의 행동이 가치있게 받아들이느냐에 달려있다. 아동은 사슴이 없는 열대기후에서는 사슴사냥을 배우지 않을 것이다. 이와 같이 "발달에 대한 보편적인 목표나 최종지점은 없다. 보편적으로 발달되는 것은 관찰에 의해 학습하는 훈련된 능력이다"(P. M. Miller, 1983).

행동주의자들은 환경이 아동에게 영향을 주는 것으로 보는 반면에 사회학습이론가들은 아동이 환경에 영향을 주는 것으로 믿는다. 사실상 어느 정도로는 환경을 창조해낸다. 예를 들면, 다른 아동과 노는 것보다 TV를 시청하는 시간이 훨씬 많은 아동은 TV주인공을 모델로 삼는다.

사회학습이론은 유기체론적 관점의 주요 관심사인 인지과정에 대한 영향을 고려하기 때문에 순수한 기계론적 관점과는 상당히 다르다. 사회학습이론에 따르면, 사람들은 모델을 관찰함으로써 행동의 특정한 '덩어리(chunk)'를 배우고, 그들이 관찰한 것을 정신적으로 종합하여 복잡하고 새로운 행동 형태를 만든다. 예를 들면, 테니스를 배우는 여자는 백핸드 스트록(backhand strock)은 에버트(C. Evert)를 모델로 삼고 서브(serve)는 나브라틸로바(M. Navratilova)를 모델로 삼으려고 할 수도 있다. 주의집중력, 감각적인 정보를 정신적으로 조직하는 능력 등의 인지적 요인에 따라 자기 자신의 행동에 미치는 효과가 달라진다. 모델의 행동을 재현하기 위해 정신적 상징을 사용하는 능력이 발달함에 따라 자신의 행동을 판단하는 기준을 세울 수 있게 된다.

사회학습 또는 관찰학습의 과정을 도식화하면 [그림 3-8]과 같다.

3. 행동주의와 사회학습이론에 대한 평가

1) 행동주의와 사회학습이론의 공헌

- 과학적 연구의 중요성
- 행동의 환경적 결정 요소

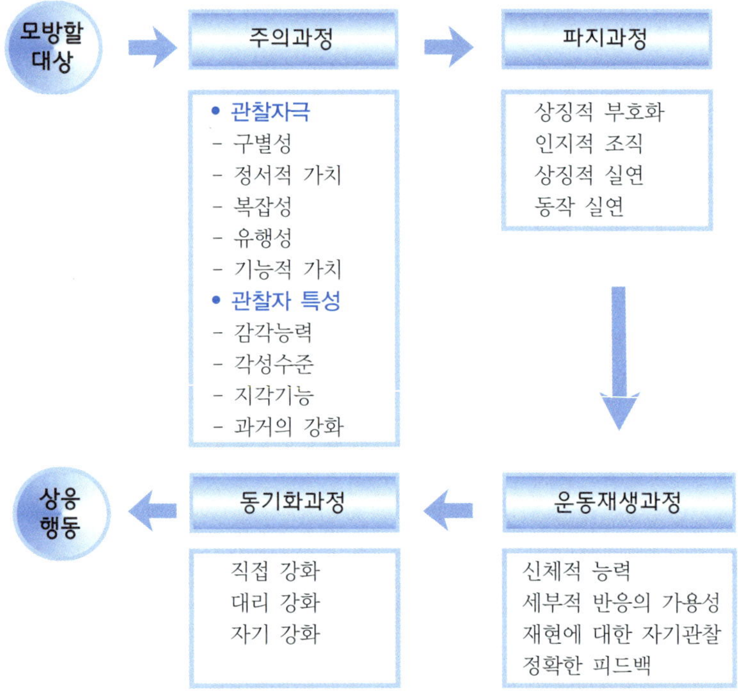

그림 3-8 사회학습 또는 관찰학습의 과정

- 관찰학습의 중요성(Bandura)
- 사람과 인지적 요인(사회학습이론)

2) 행동주의와 사회학습이론에 대한 비판

- 인지에 대해 너무 경시한 점(Pavlov, Skinner)
- 환경적 결정 요소에 대한 지나친 강조
- 발달적 변화에 대한 관심부족

- 인간의 자발성과 창의력에 대한 기계적이고 불충분한 고려

행동주의와 시회학습이론은 인간발달에 있어서 환경을 통한 경험의 중요성을 강조했다. 또한 정신분석이론에 비하여 엄격한 실험실 실험과 명백한 용어 정의를 강조함으로써 인간발달학에 많은 공헌을 하였다. 반면에 자연적인 상황에서의 인간행동에 관한 연구는 소홀히 하였다. 환경적 영향을 중요시한 점은 가치가 있으나 생물적 요인, 자유로운 선택의 중요성을 인식하지 못하고 있다. 따라서 이러한 이론들은 발달적이지 못하다. 그들은 아동과 성인이 각 발달단계에서 어떤 점이 유사한지에 대해 관심이 없다.

행동주의는 신속한 행동 변화와 새로운 행동을 습득하게 하는 치료나 프로그램을 통해 상당한 공헌을 해 왔다. 그러나 정신분석학자들은 사회학습이론의 가장 큰 약점이 증상의 원인에 대한 관심이 없는 것이라고 평가하고 있다. 그들은 벌을 통해 바람직하지 않은 행동을 감소 또는 제거하기 위해서 벌을 주었는데 도리어 다른 부정적 행동이 발생되는 결과를 가져올 뿐이며 기본적인 문제는 해결되지 않은 채 남아있다고 주장한다. 또 다른 심각한 비판은 다른 사람의 행동을 조절하는 이들 이론가들의 윤리에 대한 것이다.

사회학습이론의 특징, 즉 학습이 일어나는 사회적 상황에 대한 강조와 인간이 자신의 발달에 능동적으로 영향을 미친다는 것의 인정, 행동에 미치는 인지적 영향의 인식은 전통적 학습이론에 대한 개선점이라 볼 수 있다.

제 4 장

유기체론 및 도덕적 발달 관점

1. 유기체론적 관점
2. 도덕적 발달 관점

1. 유기체론적 관점

아동은 알고 있는 지식, 그 지식을 알게되는 방법과 그 지식에 대해서 생각하는 방식 그리고 지식을 타인에게 전달할 수 있다는 사실에서 성장한다. 영유아기에서부터 성인기에 이르기까지 진행되는 이러한 지적 성장을 일반적으로 인지발달(cognitive development)이라고 부른다.

정신분석학 이론이 아동의 무의식적 사고를 강조한 반면, 인지 이론은 아동들의 의식적 사고를 강조한다. 주요 인지이론으로는 피아제의 인지발달이론, 비고츠키의 사회문화적 인지이론이 있다. 인간을 기계적으로 보는 것이 아니라 유기체로 본다는 관점이다. 즉 발달에 대한 내적 충동과 독자적 패턴을 지니고 능동적으로 성장하는 존재로 본다. 전통적인 기계론적 관점과는 대조적으로 유기체론적 관점은 인간을 자신의 발달에 있어서의 능동적 주체로 보고 질적 변화들을 거쳐 발달이 일어나는 것으로 본다. 이 두 가지 측면에 대해서 구체적으로 살펴보면 다음과 같다.

· 인간은 능동적인 유기체이다.

이 견해에 의하면, 인간은 자신의 발달을 진행시켜 가면서 행동하기 시작한다. 비록 내적인 힘과 외적인 힘이 상호작용하지만 변화의 원천은 내적인 힘으로 본다. 유기체론자들은 주변세계의 경험이 발달의 원인이 아니라 발달을 촉진 또는 지연시킬 수 있는 요인으로 본다. 이 관점에서는 기계론적 관점의 학자들처럼 외적인 강화가 인간의 반응을 어떻게 만들어 가는지를 밝히려 하지 않는다. 또한 그들은 정신분석학자들이 했던 것처럼 인간이 의식하지 못하는 무의식적 동기의 힘을 강조하지도 않는다. 대신에 그들은 자기 자신의 세계를 능동적으로 구성해 가는 주체로 본다.

· 발달은 질적 단계를 거쳐 일어난다.

유기체론적 관점에서는 질적 변화에 초점을 맞춘다. 연속적이면서 질적으로 다른 단계를 거쳐 발달이 일어나는 것으로 본다. 인간은 각 단계에서 다른 종류의 능력을 발달시키고 다른 종류의 문제에 대처해 간다. 각 단계는 전단계의 발달에 의해 영향을 받고 다음 단계에 대한 기초를 마련한다. 각 단계에서의 사고와 행동은 이전 단계와는 질적으로 다르기 때문에, 어떤 인간이 될지를 예측하는 것은 오직 인간발달의 보편적 과정에 대한 지식을 통해서일 뿐이다. 비록 모든 사람이 같은 순서로 같은 단계를 거쳐 가지만, 그 단계가 시작되는 시기는 개인마다 다르기 때문에 대략적인 연령 구분만이 가능하다.

1) 피아제의 인지발달이론

스위스의 피아제(J. Piaget, 1896-1980)는 유기체론적 관점을 지닌 가장 유명한 이론가였다. 그는 아동이 주변세계를 보면서 어떻게 이해하는지 그 방법을 체계적인 이론으로 정립한 최초의 사람이었다.

Jean Piaget

그가 소년이었을 때, 그의 광범위한 호기심은 기계나 연체동물, 공원에서 본 색소결핍증에 걸린 참새와 같이 다양한 주제에 대해 관찰하고 글을 쓰게 하였다. 그의 생물학, 철학, 심리학에 관한 폭넓은 지식은 아동에 대한 연구방법에 적용되었다. 이전에 신체적인 조직이나 구조, 논리에 대한 관심이 많았기 때문에 인지발달에 대한 복잡한 이론을 설정하였다. 즉, 아동의 사고과정에서의 변화가 세상에 대한 지식을 익히고, 활용할 수 있는 능력을 발달시키게 된다는 이론이 인지발달이론이다.

피아제의 이론은 상당한 논쟁거리였지만, 그의 이론이 모든 후속 연구자들에게 많은 영향을 끼쳤다. 따라서 피아제의 견해를 우선적으로 고려하지 않고는 인지발달 연구를 시작할 수가 없다.

피아제는 인지발달이 중요한 질적 변화를 겪는다고 믿었다. 이러한 가설은 비교적 최근의 것이다. 18세기 경험론자들에 따르면, 아동의 인지구조는 성인의 것과 근본적으로 동일하며, 유일한 차이점은 연합의 수에 있어서 아동이 적다는 것이다. 생득론자들도 아동의 인지구조와 성인의 인지구조 간의 차이를 극소화하였다. 왜냐하면, 시간, 공간, 수, 인과성 등의 기본 개념은 모든 인간이 출생시부터 가지고 태어난다고 보기 때문이다. 따라서 경험론자와 생득론자 모두가 아동은 성인과 유사한 존재로 생각하였다. 경험론자들은 아동을 훈련 중인 성인으로 여겼으며, 생득론자들은 축소판 성인으로 생각하였다. 반면에 피아제는 아동이 성인으로 성장하면서 나타나는 지적 능력의 질서정연한 질적 진보를 밝히고자 시도하였다.

생물학을 공부하던 초기 시절의 피아제는 발생학자들이 해부학적 구조의 발달에 대해 생각하는 방식과 여러 가지 면에서 유사성을 보인다. 태아는 2-7개월 사이에는 크기가 그렇게 증가하지 않다가 이후에 전체 구조가 급격하게 변화한다. 피아제는 인지발달도 이와 유사한 질적인 변화를 나타내는 특징이 있다고 주장하였다. 인지발달은 4단계를 거치면서, 즉각적이고 구체적인 존재로부터 점차적으로 상징적이고 추상적인 세계를 개념화할 수 있도록 발달하는 것이라고 제안하였다. 이들 4단계는 감각-운동 단계(sensory-motor stage; 출생-만 2세), 전조작 단계(preoperational stage; 2세-7세), 구체적 조작단계(concrete operational stage; 7-11세), 그리고 형식적 조작단계(formal operational stage; 11세 이후)이다.

피아제는 철학과 교육에 관한 연구 뿐만 아니라 아동심리학에 대한 40권 이상의 저서와 100개 이상의 논문을 남겼다. 이러한 자료들의 대부분은 그의 공동연구자인 인헬더(Inhelder)와 함께 만든 것이었다. 피아제의 이론은 본장 뒷부분에서 논의하게 되는 콜버그의 도덕성 발달이론에 영향을 주고 있다.

피아제 인지발달 이론의 주요개념을 살펴보기로 한다.

(1) 인지구조

피아제는 인간이 선천적으로 환경에 적응하려는 성향을 지니고 있음을 믿었으며, 이러한 성장을 지적 행동의 본질로 보았다. 아동은 감각적, 운동적, 반사적 능력의 기초 위에 주변세계에 대한 지식을 능동적으로 구성해간다. 아동은 사물을 탐색해봄으로써 인지발달의 여러 단계를 거치게 된다. 인지구조는 이때 얻은 경험을 통하여 점점 더 복잡해진다.

아동의 인지구조는 도식(scheme)이라고 불리운다. 도식은 아동이 환경과 상호작용하는데 사용하는 조직적인 행동유형이다. 예를 들면, 유아는 빠는 도식, 보는 도식, 집는 도식을 갖고 있다. 도식은 점차 분화되어 젖을 빨 때와 우유병을 빨 때, 장난감 젖꼭지를 빨 때 다른 방법을 사용하게 된다. 사고 능력이 발달됨에 따라 그들의 도식은 특정한 행동에 대응하는 조직적인 사고 유형으로 바뀌어 간다.

아동이 성장함에 따라 그 단계에 따라 고유한 인지구조를 나타내기 때문에 분류할 수 있게 된다. 인지구조는 점진적으로 나타나기보다는 특정의 단계에 이르러 비로소 획득되는 것이라고 한다(유안진, 1997).

(2) 인지발달의 원리

피아제는 아동이 주변세계를 이해하는데 4단계를 거친다고 믿는다(표 4-1). 각 단계는 연령과 관련되고 사고의 독특한 방식들로 구성되어 있다. 이전 단계보다 더 진보된 다음 단계로 만드는 것은 주변세계에 대한 또다른 이해 방식이다. 피아제의 관점에서 더 많은 정보를 아는 것이 아동의 사고가 좀더 발달된 것임을 의미하지는 않는다. 이것이 피아제가 한 단계와 다음 단계의 아동의 인지는 질적으로 다르다고 말했던 의미인 것이다(Vidal, 2000).

인간의 인지구조가 어떻게 단순한 행동적 도식에서 형식적이고 논리적인 도식으로 발달할 수 있는지? 피아제는 서로 연관된 세 가지 발달원리에서 그 해답을 얻고 있다. 그 원리들은 인지발달의 모든 단계에서 작용하기 때문에 기능적 항구성(functional invariants)이라고 불리운다. 그 원리로는 조직과 적응 및 평형이 있다.

- 조직(organization)은 환경에 대한 인간의 모든 지식을 종합하여 체계화하는 경향이다. 모든 발달단계에서 인간은 주변세계를 이해하려 한다. 아동은 그들이 할 수 있는 복잡성의 수준이 어느 정도이건 간에, 그들의 지식을 체계적으로 조직함으로써 주변세계를 이해한다. 발달은 단순한 구조에서 좀더 복잡한 구조로 진보하는 것이다. 예를 들면, 처음에는 보는 도식과 잡는 도식이 따로따로 작용한다. 후에 아동들은 이러한 분리된 도식을 한 단계 높은 하나의 도식으로 통합해서 물체를 잡고 있으면서 동시에 볼 수 있게 된다. 즉 눈과 손의 협응을 이루는 것이고 이를 통해 아동은 주변세계를 좀더 잘 이해할 수 있게 된다. 더욱 복잡한 조직은 좀더 많은 정보를 얻게 됨에 따라 계속 연결된다.
- 적응(adaptation)은 새로운 정보를 동화하고 조절하는 이중적 과정을 통하여 발생한다. 동화(assimilation)는 현재의 인지구조에 새로운 정보를 맞추려는 시도이다. 모유로 자란 아기는 인공젖꼭지를 빨때 동화를 한다. 즉 그들은 새로운 사물이나 상황을 다루는 데 이전의 도식을 사용하는 것이다. 조절(accomodation)은 새로운 정보에 대처하기 위해 현재의 인지구조를 변화시키

는 것이다. 예를 들면, 아기가 우유를 빠는 것이 모유를 빠는 데 사용하였던 것과는 다소 다른 혀와 입의 움직임을 요구한다는 것을 발견할 때 그들은 이전의 도식을 수정한다. 동화와 조절의 보완적 과정을 통해 아동은 주변세계를 이해함으로써 인지가 발달하는 것이다.

- 평형(equilibration)은 유기체와 주변세계 또는 유기체 내에서의 인지적 요소 간의 균형을 유지하려는 경향이다. 평형은 아동을 동화에서 조절로 변화하도록 유도한다. 아동의 현재 구조가 새로운 경험을 처리할 수 없을 때, 그들은 환경적 요구에 맞출 수 있는 새로운 인지구조를 조직함으로써 새로운 평형의 상태를 찾는다.

(3) 인지발달단계

1 1단계 : 감각-운동 단계(sensory-motor stage, 0-2세)

피아제의 첫 번째 인지발달 단계이다. 이 단계에서 영아는 감각기관과 신체의 움직임을 통하여 경험들을 조화시킴으로써 주변세계를 이해한다. 이 단계에서 신생아는 반사운동을, 2세경의 아동들은 복잡한 감각운동을 통하여 인지를 발달시킨다.

처음에는 단지 순간적이고 관련성이 없는 감각정보와 운동반응만이 연속될 뿐이다. 왜냐 하면 생후 처음 몇 개월 동안의 정신세계에는 과거도 미래도 없고, 일정한 사물과 일시적인 사건 간의 구분도 없으며, 나와 주변세계의 구분도 없기 때문이다. 2세경까지의 주요한 과업은 바로 이러한 구분이 발달하는 것이다. 1단계의 주요개념으로는 대상영속성 개념과 표상적 사고의 출현을 들 수 있다.

① 대상영속성 개념 : 감각-운동 단계에서 중요한 것은 대상영속성(object permanence) 개념이다. 딸랑이를 들고 있는 영아가 있다. 성인에게 있어서 딸랑

이는 사물이며, 쳐다보고 있든 아니든 의심의 여지없이 존재한다. 성인은 그 존재를 확신한다. 다시 쳐다보면 볼 수 있다는 사실을 명확하게 알고 있기 때문이다. 그렇다면 그 딸랑이는 영아에게도 성인과 동일한 방식으로 존재하는가? 영아는 대상영속성 개념을 가지고 있는가?

피아제에 따르면 생후 초기 몇 개월 동안은 대상영속성 개념이 없다. 영아는 새로운 장난감을 호기심으로 바라볼지는 모르지만, 시야에서 그 장난감이 사라지면 아무런 관심도 보이지 않는다. 이것은 마치 눈에 보이지 않는 것은 마음속에도 없고, 영아에게 있어서는 실제로 존재하지 않는 것처럼 보인다. 생후 8개월경이 되면 숨겨진 장난감을 찾기 시작한다.

피아제에 의하면, 사물은 스스로 존재하는 것이며, 보거나 듣거나 만지지 않아도 계속해서 존재한다는 개념의 획득이 감각-운동 단계에서의 일차적 과업이다. 이 개념은 영아가 점차적으로 여러 가지 감각경험과 운동반응을 상호 관련시켜 봄으로써 형성하게 된다. 궁극적으로 아동은 여러 가지 감각들-예컨대 시각, 청각, 촉각 그리고 신체운동감각 등-이 제공하는 경험들을 협응시켜서 자신을 포함한 모든 사물이 존재함을 인식하게 된다.

② 표상적 사고의 출현 : 피아제에 따르면, 감각운동 단계 후반기(18-24개월경)가 되면 인지발달이 현저해진다. 이러한 사물과 사건간의 과거 경험을 스스로 표상함으로써 직접 주어지지 않은 사물들을 생각하기 시작한다. 이러한 심적 표상(mental presentation)은 내면화된 행위, 심상 또는 단어일 수 있다. 모든 경우에 표상은 그 표상이 참조하는 대상을 의미하는 상징으로 가능하다. 그러나 표상이 대상과 똑같은 것은 물론 아니다.

2 2단계 : 전조작 단계(preoperational stage, 2-7세)

피아제의 두 번째 인지발달 단계이다. 이 단계에서 아동은 주변세계를 언어와 상징 그리고 그림들로 표현한다. 그러나 피아제에 따르면, 비록 취학 전 아동이 상징적으로 주변세계를 표현할 수 있다고 하더라도 그들은 여전히 논리적 사고력이 부족하며, 아동이 이전에 물리적으로 했던 것들을 정신적으로 수행하기 시작한다. 이 단계의 주요개념으로는 보존개념의 부족과 자기중심성을 들 수 있다.

① 보존개념의 부족 : 전조작적 사고의 대표적인 예가 양의 보존(conservation of quantity)에서 실패하는 것이다. 피아제의 한 가지 실험절차는 그림과 같이 두 개의 유리컵 A와 B를 사용하는 것이다. 두 유리컵을 나란히 놓고 주스와 같은 유색 액체를 똑같은 양씩 붓는다. 아동에게 어느 컵의 주스가 더 많은가를 묻고 아동이 아주 똑같다고 할 때까지 두 컵에 주스를 채워 넣는다.

다음 단계에서는 새로운 컵C를 사용한다. 컵C는 A와 B에 비해서 높이는 높지만 밑면적이 좁다(그림 4-1). 아동이 보고 있는 가운데 실험자는 A의 주스를 C에 붓는다. 이제 컵B와 C를 놓고 "어느 컵에 주스가 더 많지?"라고 묻는다. 성인에게는 질문이 너무 단순해서 답할 필요조차 없다. A의 주스를 모두 C에 부었고 A와 B는 똑같았으니까 B와 C의 양은 물론 똑같다. 그러나 이 단계의 아동은 이 사실을 이해하지 못하기에 컵C의 주스가 더 많다고 주장한다. 그 이유를 물으면 컵C의 주스 높이가 더 높기 때문이라고 설명한다. 아동은 주스가 하나의 컵에서 다른 컵으로 옮겨짐에 따라서 양이 변했다고 생각하는 것으로 보인다. 컵이 바뀜에 따라서 수반되는 시각적 변화(주스높이의 변화)에 지나치게 영향을 받아서 항상 일정하게 유지되는 것(주스의 양)을 깨닫지 못하는 것이다. 이와 같이 이 단계의 아동들은 과정을 무시하고 단지 상태에만 초점을 맞춘다. 마치 동영상은 보지 못하고 정지화면만을 보는 것과 같다(Philli, 1975).

이와 똑같은 현상이 수의 보존(conservation of number) 개념에서도 나타난다.

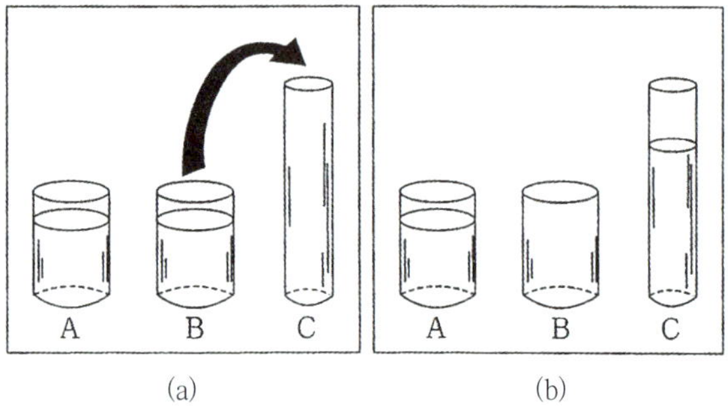

그림 4-1 액체량 보존성 실험

우선 아동에게 똑같은 간격으로 한 줄로 놓인 다섯 개의 단추를 보여 주는데, 각 단추 옆에는 또다른 바둑알을 다른 한 줄로 배열하였다. 아동은 단추 수만큼 바둑알이 있다는 데에 동의한다. 이제 실험자가 단추들은 그대로 두고 다섯 개의 바둑알의 간격을 넓게 하여 줄이 길어지게 만든다. 이 경우에는 판단의 전환점이 대략 5-6세 정도로 약간 일찍 나타난다. 이 연령이 되기 전에는 아동들이 일반적으로 바둑알이 보다 넓게 퍼져 있기 때문에 더 많다고 주장한다. 그리고 모든 보존과제에서 아동은 가역성을 설명할 수 없다

② 자기중심성 : 피아제 이론에서 전조작 단계의 아동이 두 개의 물리적 차원을 동시에 고려할 능력이 없는 것과 유사한 현상이 사회생활에서도 나타난다. 이 시기의 아동은 타인이 존재함을 완전히 이해하지 못하기 때문이다. 전조작적 사고의 이러한 특성을 흔히 자기중심성(egocentrism)이라고 부른다.

자기중심성에 관한 연구는 세 개의 산 실험에서 찾아볼 수 있다. 아동에게 산의 삼차원 모형을 보여주었다. 아동이 한 위치에서 산을 보고 있는 동안 조그만 인형을 산모형 주위의 여러 위치에 가져다 놓았다. 아동이 해야 할 일은 인형이 무엇을 보고 있는지를 판단하는 것이었다(그림 4-2). 아동은 산의 여러 가지 모습을 그린 카드 중에서 하나를 선택하도록 했다. 4세까지의 아동

은 문제조차 이해할 수가 없었다. 4세에서 7세까지의 반응은 상당히 일관성이 있었다. 즉, 인형의 위치에 관계없이 자신이 보고 있는 모습의 카드를 선택하였다(Piaget & Inhedler, 1956). 이는 자기중심적으로 공간을 파악하여 생긴 오류인 것이다.

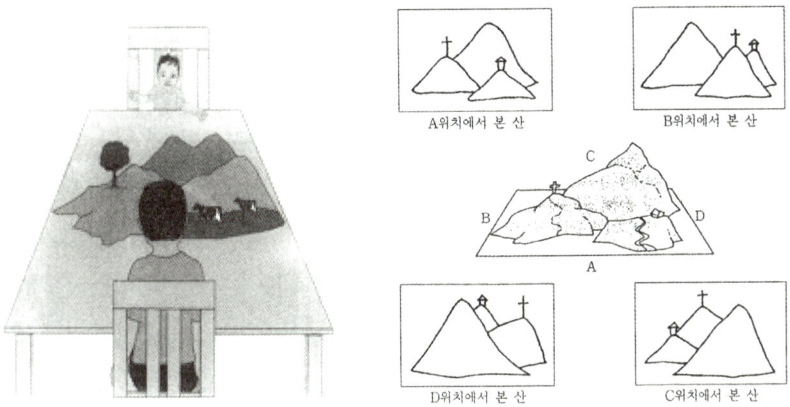

그림 4-2 피아제의 세 산모형 실험

3 3단계 : 구체적 조작 단계(concrete operational stage, 7-11세)

피아제의 세 번째 인지발달 단계로, 이 단계에서 아동은 논리적 사고를 수행할 수 있으므로, 추론이 명확하거나 구체적인 경우에 적용될 수 있을 뿐만 아니라 직관적인 사고 대신에 논리적인 추리가 가능하다.

7세 아동은 수나 양과 같은 실체의 필수적 속성들을 이해할 수 있는 논리적 사고력을 이미 획득하였다. 그러나 피아제에 따르면 이 조작은 근본적으로 구체적 사건 간의 관계에만 적용할 수 있다(그렇기 때문에 구체적 조작이다). 그 관계가 전적으로 추상적인 것이면 불가능하다. 8-9세 아동은 주어진 수에 대해 여러 가지 간단한 조작을 할 수는 있지만, 그 조작이 어떤 수에든지 적용될 수 있다는 사실을 이해하지 못한다. 4는 짝수이고 4+1은 홀수임을 알고 있고, 마찬가지로 6과 6+1, 8과 8+1도 각각 짝수와 홀수임을 알고 있다. 그러나 어떤 경우이든 짝수에다 1을 더하면 홀수가 된다는 사실을 결코 이해하지 못한다.

4 4단계 : 형식적 조작단계(formal operational stage, 11세 이후-)

피아제의 마지막 인지발달 단계이다. 이 단계에서 인간은 구체적인 경험을 넘어서서 추상적이고 더욱 논리적인 관계를 사고한다. 추상적인 사고가 이루어지면서 아동들은 이상적인 환경에 대한 상상력을 발휘한다.

피아제에 따르면, 매우 추상적이고 형식적인 관계를 이해하려면 11-12세 경에 출현하는 형식적 조작이 필요하다. 형식적 조작이 주어지면 아동의 사고는 실제 세계와 가능한 세계를 모두 포괄할 수가 있다. 가상적인 가능성을 수용할 수도 있으며, 실재하는 것 못지않게 상상의 것까지도 다룰 수 있게 된다.

형식적 조작의 역할에 관한 예는 아동에게 진자의 운동속도를 결정하는 요인을 찾아보게 한 연구에서 볼 수 있다. 아동에게 실에다 사물을 달아서 진자를 만드는 방법을 보여주었다. 또한 실의 길이, 매달리는 사물의 무게 그리고 진자를 움직이게 하는 초기의 힘을 변화시키는 방법을 보여주었다(그림 4-3).

7세에서 11세 사이의 아동은 대체로 한번에 여러 요인들을 동시에 변화시켰다. 긴 줄에 매달린 무거운 사물과 짧은 줄에 매달린 가벼운 사물을 비교하고는, 줄이 짧고 추의 무게가 가벼울수록 진자운동 속도가 빠르다고 결론을 내릴 수 있다. 이 추론은 물론 엉터리다. 한 요인(예컨대 무게)이 영향을 미치는지의 여부를 확인하려면 모든 다른 요인(예컨대 길이)들을 일정하게 유지해야 하기 때문이다. 11세 이전의 아동은 이것이 불가능하다. 구체적으로 주어진 대상만을 조작할 수 있기 때문이다. 이들은 처음에는 의도적으로 배제하였다가 나중에 검증해야 하는 가능성있는 인과관계들을 고려할 능력이 없다. 반면에 이 단계를 지난 아동은 적절한 일련의 검증을 계획하고 수행할 수가 있다. 이들의 논리적 사고는 보다 형식적 차원에서 수행되기 때문에 "다른 것은 일정하게 유지한다"는 개념을 이해할 수가 있다(Piaget & Inhedler, 1956).

그림 4-3 형식적 조작의 역할에 관한 예

형식적 조작 단계는 피아제와 그의 동료들이 상세하게 기술한 아동의 인지발달에서 최종적으로 나타나는 중요한 이정표다.

피아제의 인지발달단계를 요약하면 〈표 4-1〉과 같다.

표 4-1 피아제의 인지발달단계

단계	특성	시기
감각운동기	감각운동적으로 문제해결, 대상영속성 개념 획득, 표상적 사고 출현	출생-2세

단계	특성	시기
전조작기	상징 사용, 언어와 가상놀이 발달, 보존성 개념 부족, 자기중심성	2-7세
구체적 조작기	구체적 경험을 통한 논리적 사고력, 보존성 개념, 서열화, 범주화 가능, 가역성, 자기중심성 탈피, 추상적 사고력 불가능	7-11세
형식적 조작기	구체적 경험없이 논리적, 추상적 사고력 가능	11세 이후

(4) 피아제 이론에 대한 평가

그의 가장 큰 공헌 중의 하나는 행동주의의 외현적 행동에 대한 관심에서 내적 인지과정으로 관심을 변화시킨 것이다.

피아제는 몇 가지 점에서 비판을 받고 있다. 그는 주로 '평균적(average)' 아동에 대하여 언급하고 있으며, 교육과 문화의 영향에 대해서는 배제되었다. 또한 그는 인지발달과 관련된 것 외에 정서나 인성발달에 대하여 거의 논의하지 않는다. 대부분 그의 생각들이 표준화된 실험 과정으로부터 온 것이 아니라, 아동과의 면접방법으로부터 온 것이며, 자신의 세 자녀에 대한 지극히 개인적인 관찰로부터 나온 것이라는 점에서 비판을 받고 있다. 덧붙여 어떤 경우에 있어서는 어린 아동의 능력을 과소평가하였다는 것이다.

그렇지만 피아제의 세심한 관찰은 놀랄만한 통찰력과 함께 인지발달에 대한 풍부한 정보를 제공하였다. 예를 들면, 영유아에게 있어 눈앞에서 사라진 사물이나 사람은 더 이상 존재하지 않는다는 것을 처음으로 발견한 사람이다. 그는 또한 취학 전 아동은 물체의 모양이 변하면 무게도 변화된다고 믿는다는 것을 발견하였다. 피아제는 아동의 사고과정의 독자적인 요소를 지적하였고, 아동의 인지는 성인의 것과 아주 다르다는 것을 인식시켜 주었다. 각각의 인지발달 단계에서 아동이 무엇을 할 수 있으며 무엇을 이해할 수 있는지를 밝혀줌으로써, 아동의 교육을 담당하는 교사를 비롯한 성인들에게 가치있는 정보를 제공하였다.

2) 비고츠키의 사회문화적 이론

Lev Semenovich Vygotsky

최근 아동발달 영역에서 문화적 맥락을 언급한 연구들이 급증하고 있다. 인종 간 비교연구는 발달의 통로가 모든 아동에게 적용되는지 또는 특별한 환경조건에 제한받는지를 파악하는 통찰력을 제공한다. 그 결과 문화 간 비교연구와 다문화 연구는 아동 행동출현의 시기와 순서, 다양성에 관한 유전과 환경의 공헌에 대한 이해를 돕는다(Greenfield, 1994).

오늘날 문화적으로 특별한 실제와 관련된 연구들이 좀더 많이 이루어지고 있다. 러시아의 심리학자 비고츠키(Lev Vygotsky, 1896-1934)의 업적은 이러한 흐름에 중요한 역할을 하였다. 비고츠키의 견해를 사회문화적 이론(sociocultural theory)이라고 한다. 그것은 어떻게 사회집단의 문화-가치, 믿음, 관습, 기술-가 다음 세대에 전달되느냐에 초점을 맞춘다. 비고츠키에 따르면, 좀더 지식이 있는 사회 구성원과의 협력적 대화를 통한 사회적 상호작용은 아동들이 지역사회 문화를 구성하는 사고와 행동의 양식을 획득하는데 필요하다고 한다(Rowe & Wertsch, 2002). 아동들은 퍼즐을 맞추고 신발끈을 매면서 아동-성인 간의 상호작용을 통하여 학습한다.

특히 비고츠키의 이론은 아동의 인지발달 연구에 영향을 끼쳤다. 비고츠키는 아동을 능동적으로 지식을 구성하는 존재라고 한 피아제의 견해에 동의하였다. 하지만 주변세계를 이해하는데 있어서 아동의 능동적인 노력을 강조한 피아제와 달리, 인지발달을 새로운 도전에 직면할 때 성인이나 좀더 유능한 또래의 도움에 의존하는 사회적인 상호작용과 문화를 강조하였다. 사회문화적 발달이론의 주요개념은 언어와 사고, 근접발달영역, 비계설정 등을 들 수 있다.

(1) 언어와 사고

비고츠키(1962)는 어린 아동이 의사소통을 하기 위한 목적 뿐만 아니라 자기 규제의 방법으로 자신의 행동을 계획하고 조정하고 감시하기 위해서도 언어를 사용한다고 하였다. 이와 같이 자기 규제를 위하여 사용하는 언어를 내적 언어(inner speech) 또는 사적 언어(private speech)라고 한다. 피아제가 말하는 사적 언어는 자기중심적이고 미성숙한 것이지만, 비고츠키가 말하는 사적 언어는 아동기 초기 사고에서 중요한 역할을 하고 있다. 그의 견해에 의하면, 생의 초기에는 언어와 사고가 각각 발달하다가 후에 병합된다고 믿었다. 그는 모든 정신적 기능이 외부적 또는 사회적 근원을 지니고 있다고 생각하였다. 아동이 자신의 생각에 내적으로 집중할 수 있기 위해서는 타인과의 의사소통을 하면서 언어를 사용해야 한다. 외적 언어에서 내적 언어로의 전환은 3-7세 사이에 발생하며, 이 과정에는 혼잣말을 하는 과정이 포함된다. 이후 시간이 경과하면 혼잣말을 하지 않고서도 행동할 수 있게 된다. 이러한 단계에 도달했다는 것은 아동이 자신의 자기중심적 언어를 내적 언어의 형태로 내면화시켰으며, 이것이 곧 사고가 된다.

비고츠키는 사적 언어를 자주 사용하는 아동이 사회적으로 보다 유능하게 대처한다고 믿었다. 그는 사적 언어가 사회적으로 보다 의사소통이 잘 되는 초기의 변환과정을 의미하는 것이라고 주장하였다.

(2) 근접발달영역

근접발달영역(zone of proximal development, ZPD)이란 아동이 혼자서 해결하기 어려운 실제적 수준과 교사나 부모와 같은 성인 또는 유능한 또래의 도움을 받으면 학습이 가능한 잠재적 수준 간의 범위를 일컫는 비고츠키식 용어다(그림 4-4).

근접발달영역을 강조하는 이유는 사회적 영향, 특히 아동에 대한 교육이 아동의 인지발달에 있어 중요하기 때문이다. 비고츠키는 아동들이 그들의 근접발달영역에서 활동할 때 학습할 수 있다고 믿었다. 따라서 근접발달영역의 간격이 좁을수록 학습의 효과는 크다고 할 수 있다. 혼합연령으로 학습집단을 구성하여 활동하는 방법도 좋은 예라 하겠다.

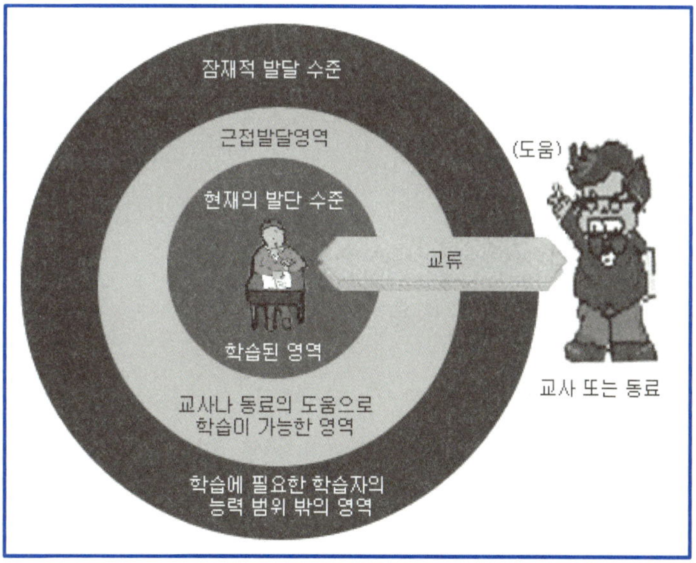

그림 4-4 근접발달영역과 비계설정

(3) 비계설정

근접발달영역과 밀접한 개념 중의 하나가 비계설정(scaffolding)이다. 발판구축 또는 발판화라고 해석하기도 한다. 비계설정이란 성인 또는 유능한 또래의 도움의 수준을 조절하는 것을 말한다. 아동이 학습하는 과제가 생소한 것이라면 보다 직접적이고 구체적인 교육방법으로 지도할 것이다. 그러나 아동의 능력이 향상되는 정도에 따라 도움의 양은 감소하게 된다.

대화는 근접발달영역에서 중요한 비계설정 도구이다(Tappan, 1998). 비고츠키는 아동이 지니고 있는 개념들이란 풍부하기는 하나 체계적이지 못함을 지적하였다. 이러한 뒤죽박죽인 개념들이 성인 또는 유능한 또래와의 대화를 통하여, 아동이 지니고 있는 개념들이 체계적이고 논리적이고 이성적으로 변화되는 것이다(Santrock, 2006).

(4) 비고츠키 이론의 교육적 활용

비고츠키 이론을 교육현장에서 활용할 수 있는 방법을 제시하면 다음과 같다.

1 아동의 근접발달영역 이용

아동이 혼자서 과제를 수행할 수 있을 때까지 적절한 지도와 반복연습, 시도하도록 권유하면서 점진적으로 설명이나 힌트, 시범의 횟수를 줄여나간다.

2 비계설정 이용

아동이 잠재적 수준의 과제를 해결할 수 있는 정도의 도움만 주면서, 필요할 때마다 흐름을 끊지 않고 목표를 성취하도록 격려한다. 아동의 행동을 관찰하면서 칭찬과 아울러 머뭇거리거나 잊어버린 경우 도움을 준다.

3 유능한 또래 이용

아동이 학습하는데 있어서 성인보다도 때로는 유능한 또래의 도움이 큰 경우가 있다. 유아교육기관에서 오후 프로그램을 진행함에 있어서 혼합연령으로 집단을 구성하는 것도 한 가지 방법이라 하겠다.

4 아동의 사적 언어 경청 및 격려

아동기의 혼잣말을 내면화시키고 스스로 규제할 것을 격려한다.

5 아동의 IQ보다는 근접발달영역을 측정할 것

피아제와 비고츠키는 아동의 학업성취도의 평가방법으로 표준화 검사를 동의하지 않는다. 그보다는 아동의 근접발달영역을 측정하는데 중점을 두어야 한다고 주장한다.

6 비고츠키 이론에 따른 교실의 변화

아동은 한 가지 이야기를 읽고 후에 의미를 해석한다. 많은 학습활동을 소집단으로 구성한다. 교사는 질문을 하고, 아동의 질문에 반응하고, 아동들이 떠올리는 생각을 토대로 학습을 진행시키다.

(5) 비고츠키 이론에 대한 평가

비고츠키는 아동발달을 사회적이고 문화적인 활동들로부터 분리할 수 없다고 묘사했다. 그는 기억, 주의력 그리고 추론의 발달이 언어와 수학적 체계와 기억전략 같은 사회의 발명품들을 사용하도록 배우는 것을 포함한다고 믿는다.

비고츠키의 이론은 지식이 협력적 이라는 관점에서 상당한 흥미를 자극시켜 왔다(Greeno, Collins, Resnick, 1996; Kozulin, 2000; Rogoff, 2001). 이 관점에서 지식은 개인의 내부로부터 발생하는 것이 아니라 오히려 책과 같은 문화 속에서 다른 사람, 사물들과의 상호작용을 통해 구성되는 것이다. 이것은 지식이란 협력적 활동, 즉 다른 사람과의 상호작용을 통해 잘 발달될 수 있다는 것을 암시한다.

비고츠키는 좀더 숙련된 성인, 또래와의 사회적 상호작용이 아동의 인지발달을 촉진시키는데 필수적인 것이라고 믿는다. 비고츠키는 인지발달에 대해 독창적이고 영향력 있는 관점을 가지고 있다. 비고츠키는 문화와 사회적 경험을 강조하면서도 발달의 생물학적인 면은 간과하였다. 비록 유전과 뇌 성장의 중요성을 인식했다고 하더라도 생물학적인 존재로서 인지 변화는 언급하지 않았다. 비고츠키가 지식에 있어 사회적 전달에 초점을 맞춘 것은 다른 이론가들보다 아동의 능동성을 덜 강조했음을 의미한다(Wertsch & Tulviste, 1992). 비고츠키 이론의 지지자들은 아동들이 발달 초기부터 다른 사람과의 대화와 사회적 활동에 능동적으로 참여한다는 것을 강조한다. 아동들은 사회적 경험을 통해 문화적으로 가치있는 지식과 기술을 획득하고 발달시켜간다.(Rogoff, 1998, 2003). 오늘날 사회문화이론의 입장을 지지하는 연구자들은 개인과 사회가 상호 영향을 미치는 균형적인 역할을 강조한다.

피아제와 비고츠키의 이론을 비교하면 〈표 4-2〉와 같다.

표 4-2 피아제와 비고츠키의 이론 비교

		Piaget	Vygotsky
아동을 보는 관점	유사점	아동을 적극적인 유기체로 본다.	
	차이점	아동이 혼자서 세계에 대한 폭넓은 이해를 구성하는 작은 과학자	아동이 타인과의 관계에서 영향을 받으며 성장하는 사회적 존재
언어	차이점	"자기중심적 언어"는 전조작적 사고기 아동의 특징이다. 즉, 아동발달의 결과의 의미를 지닌다.	1) 크게 들을 수 없는 "사적 언어' '에서부터 조용한 "내적 언어" 까지의 변화를 인지발달의 기본 과정으로 아동은 문제를 해결하기 위하여 언어를 사용한다. 2) 인지발달은 아동이 자기 문화 속 성인들이나 또는 더 유능한 또래의 상호작용으로 일어난다고 보았다.

3) 인지발달이론의 평가

(1) 인지발달이론의 공헌

- 인지이론은 발달에 대한 긍정적인 관점을 제시했으며, 의식적인 사고를 강조한다.
- 인지이론(특히 피아제와 비고츠키)은 능동적인 이해의 구성을 강조한다.
- 피아제와 비고츠키의 이론은 아동의 사고에 있어서 발달적인 변화를 탐색

하는 것의 중요성을 강조한다.

(2) 인지발달이론의 비판

- 피아제 인지발달 단계의 순수성에 대한 회의주의가 있다.
- 인지이론은 인지발달에 있어서 개인적인 다양성을 고려하지 않고 있다.
- 정신분석학자들은 인지이론이 무의식적 사고에 대해 충분한 신뢰를 주지 못한다고 주장한다.

2. 도덕적 발달 관점

1) 피아제의 도덕성 발달이론

피아제의 도덕성 발달이론은 짤막한 이야기를 4-13세 아동에게 제시하고 그에 대한 대답을 분석한 것을 기초로 하고 있다.

> 존이 자기 방에 있는데 저녁을 먹으라는 말을 듣고 내려와서 식당문을 열었다. 바로 뒤에는 의자가 있었고, 의자 위에는 쟁반이 놓여 있으며 거기에는 컵이 5개가 있었다. 존은 그것을 알지 못했다. 그가 문을 열자 문이 쟁반에 맞아, 컵이 모두 산산조각으로 깨어졌다.
>
> 어머니가 외출하고 없을 때, 헨리는 과자통에서 과자를 꺼내 먹으려고 의자에 올라가 과자통에 손을 대다가 그 옆에 있는 컵 한 개를 떨어뜨려 깨뜨렸다. 존과 헨리 중 누가 나쁜가?

이 과정에서 인지와 도덕성의 관련성을 확인하였다. 피아제는 인지구조와 인지능력이 발달에 우선한다고 믿었다. 그리고 인지능력은 아동들이 사회환경을 판단하는 능력을 결정하는 데 영향을 준다.

아동들의 도덕성을 이해하기 위해서 피아제는 오랜 시간 동안 아동들이 노는 것을 관찰하였다. 그 과정에서 6세 정도의 아동들은 그들 고유의 규칙이 있음을 확인하였다. 그보다 어린 아동들은 협동하며 상호작용 할 수 없기 때문에 아직 도덕적인 추론을 하지 못한다.

피아제는 6세정도의 아동들이 규칙을 잘 수행하지 못할지라도 규칙의 존재를 인정한다는 사실을 알게 되었다.

피아제의 도덕성 발달단계는 타율적 도덕성 발달단계와 자율적 도덕성 발달단계로 분류할 수 있다.

(1) 타율적 도덕성 발달단계(4-10세경)

첫 번째 도덕성 발달단계로 '도덕의 실제주의' 또는 '강제의 도덕성' 이라고 불린다. 이 단계에서는 어른들의 지시에 의한 수용, 도덕적 실제주의의 태도를 반영한다. 규칙은 움직일 수 없는 고정적인 것으로 알고 있다.

이 기간 동안 유아들은 끊임없이 그들에게 무엇을 하고 무엇을 하지 말아야 하는지 말하는 부모 또는 다른 성인들과 직면하게 된다. 아동들은 규칙의 위반은 자동적으로 처벌을 받게 된다고 믿는다. 이 단계에서, 피아제는 또한 아동들이 그 결과에서 비록 행위자의 본래 의도가 좋았더라도 만약 결과가 부정적이면 그것은 나쁘다고 판단한다.

피아제 아동들이 형식적인 조작능력을 지니는 10세 혹은 12세가 될 때까지 의식적으로 규칙을 사용하거나 따를 수 없다는 것을 발견했다. 이 나이에 게임을 하는 아동들은 동일한 규칙의 원리를 따른다. 아동들은 규칙의 게임의 방향을 설정해 주기 위해서, 그리고 놀이에 참여하는 아동들 사이에 분쟁을 최소화하기 위해서 존재한다고 이해한다. 그들은 규칙은 모든 사람이 동의하는 것이고, 만약 모든 사람들이 그것을 바꾸기로 동의한다면 규칙을 바꿀 수 있다고 이해한다.

(2) 자율적 도덕성 발달단계(10세 이후)

두 번째 도덕성 발달단계로 자율적인 도덕성 혹은 '협력의 도덕성' 이라고 할 수 있다. 피아제는 아동들이 이 나이에 행위자의 결과보다는 행위자의 의도에 도덕적인 판단의 기초를 두는 경향이 있다고 한다.

아동들은 종종 규칙에 영향을 미치는 가설적인 상황의 토론을 하려고 한다. 그것은 아동들의 사회세계가 점점 더 많은 동료들을 포함하고 확대됨으로써 생긴다. 끊임없이 다른 아동들과 상호작용하고 협력함으로써 규칙과 도덕성에 대한 아동들의 생각은 변하기 시작한다. 규칙은 이제 우리가 스스로 구성할 수 있는 것이다.

위반에 대한 처벌은 더 이상 자동적인 것이 아니고 위반자의 의도와 참작할 만한 상황을 고려해야 한다는 점을 깨닫게 된다.

피아제에 따르면 아동들은 인지구조의 발달과 함께 같은 단계의 또래와의 상호작용으로 타율적인 도덕성에서 자율적인 도덕성으로 발달한다.

그는 또래와의 다툼의 해결은 어른의 권위에 의존하던 것을 약화시키며, 규칙은 변할 수 있고, 공통된 동의의 결과로 존재해야만 한다는 것을 깨닫게 된다.

피아제의 도덕성 발달단계를 구체적으로 살펴보면 [그림 4-5]와 같다.

피아제 도덕발달 단계 : 인지발달단계와 도덕판단 병행

타율적 도덕단계	자율적 도덕단계
· 규범과 법률에 따르고 복종하는 것만이 최고의 선 * 습관의 단계(4세 이전)- 자기만족을 위하여 자기가 원하는 것만 하는 시기 * 성인기준에 동조하는 단계 (4-7세)- 도덕판단의 제2단계로 성인이 바람직하다고 생각하는 것이 행위의 규범으로 생각하는 시기 * 동료와의 상호적응 단계(8-9세)- 또래와의 관계에서 서로 이해, 협동, 합의에 도달하고자 상호적응 하는 시기	* 도덕적 행동에 객관적 개념 형성: 10-11세경을 기준으로 이후 연령의 아동은 규범이나 법칙에 대해 이전 시기보다는 좀 더 융통성이 생겨서 - 필요하다면 규범이나 법칙을 변경시킬 수 있다는 생각- 전 단계보다 융통성이 있고 상대적 · 행위자의 동기나 의도에 따라 판단하는 주관적 도덕판단 개념형성 · 도덕적 상대주의 또는 호혜주의에 근거하여 판단하는 경향 급격히 증가 * 동기존중의 단계(11-14세):도덕적 판단을 할 때 행동 이면에 있는 동기나 의도 존중, 행동 유발 동기나 의도 고려 * 규칙이나 원리 및 이상의 설정단계(15세 이후): 모든 행동을 원리나 규칙에 준하거나 맞추려 하고, 이상을 설정하며 추구하는 시기

그림 4-5 피아제의 도덕발달단계

2) 콜버그의 도덕성 발달이론

Lawrence Kohlberg

도덕적 발달에 대한 한 가지 영향력 있는 설명이 콜버그(L. Kohlberg, 1927-)에 의해 창안되었다. 콜버그의 기본 연구방법은 도덕적 딜렘마를 담은 여러 이야기를 실험참가자들에게 제시하는 것이다. 그는 시카고에 있는 중/하류계층의 10, 13, 16세 소년 72명을 표집대상으로 딜렘마의 상황에서 각 연령별 아동에게 도덕적 판단을 하도록 요구하였다. 그리고 그렇게 판단한 이유를 물어서 도덕판단의 근거로 삼았다. 그 중 한 이야기는 불치의 병에 걸린 부인의 남편에 관한 이야기이다.

> 유럽의 어떤 부인이 무서운 암에 걸려서 거의 죽어가고 있었다. 그 병을 낫게 하는 데는 오직 한 가지 약 밖에 없는 것으로 알려져 있었다. 이 약은 같은 마을에 사는 어느 약사가 최근에 만들어낸 라듐 종류의 약이었다. 그 약을 만드는데 원가도 상당히 많이 먹히는 데다가, 그 약사는 약값을 원가의 10배나 매겼다. 라듐을 200달러에 구입해 갖고 2000달러에 팔려고 한 것이다. 그 환자 부인의 남편인 하인츠는 돈을 구하기 위해 아는 사람들을 모두 찾아다녔으나, 그 약값의 절반 밖에 안되는 1,000달러를 마련하는데 그쳤다. 할 수 없이 하인츠는 그 약사에게 가서 자기 부인이 지금 죽어가고 있다고 설명하고 그 약을 싸게 1,000달러를 받고 팔거나, 아니면 외상으로라도 자기에게 팔아주면 다음에 그 돈을 갚겠다고 간청했다. 그러나 그 약사는 "안됩니다. 그 약은 내가 발명한 약인데, 나는 그 약으로 돈을 벌어야 됩니다."라고 대답했다. 절망에 빠진 하인츠는 결국 약방문을 부수고 들어가서 자기 부인을 위하여 그 약을 훔쳐 내었다. 남편이 한 일이 정당한 것인가? 그렇다면 무슨 이유로 그 일이 정당한가?

이상의 이야기에 대하여 실험참가자들은 그 남편의 행위가 옳은지 그른지 그리고 그 이유는 무엇인지 답하도록 요구받았다(Kohlberg, 1969). 실험참가자의 답을 분석한 결과 콜버그는 도덕적 추론이 3수준 6단계를 거친다는 사실을 발견했다(그림 4-6). 그 발달과정은 처벌에 대한 공포나 이득을 얻으려는 욕구가 좌우하는 초보적인 도덕성("아내를 죽게 내버려두면 그 사람은 난처한 지경에 빠질 것이다")을 출발점으로 하여, 타인들이 뭐라고 할 것인지에 따라 즉 인습에 따라 선악을 정의하는 단계("만약 그 약을 훔치지 않으면 가족들이 인정 없는 남편이라고 생각할 것이다")를 거쳐 자신의 것으로 내면화된 도덕적 원리가 존재하는 가장 높은 단계("약을 훔치지 않는다면 그 사람은 비난받지도 않을 것이고 사람들이 정해 놓은 법률에 따라 쇼하는 셈일 것이다. 그러나 그 사람은 자기자신의 양심의 기준에 맞게 사는 것은 아닐 것이다")에 이른다. 예측할 수 있는 바와 같이, 콜버그의 수준과 연령사이에는 대략적인 상관관계가 존재한다. 그러나 성인들에게서도 콜버그의 최고 수준에 해당되는 답을 하는 사람은 소수에 불과하다. 콜버그 수정판을 적용한 최근의 한 연구에서는, 20세 이하의 조사대상자 중 5단계나 6단계의 답을 내놓은 사람이 한 명도 없었다 (Colby 등, 1983; Colby & Kohlberg, 1986). 콜버그는 그 최고수준이 마하트마 간디나 마틴 루터킹과 같은 도덕적 위인의 특성이라 생각하므로, 조사대상자들의 대부분이(그리고 우리 대부분도 그러하리라는 데에는 의심의 여지가 없는데) 그 수준에 도달하지 못한 것은 아마도 놀라운 일이 아닐 것이다.

(1) 도덕성 발달단계

콜버그의 체제로는 도덕 판단에 있어서의 성장은 발달의 세 수준을 통해서 진전된다고 한다. 즉, 전도덕적 또는 전인습적 수준으로부터 사회적 인습에 따르는 수준으로, 마지막으로 인습을 초월하여 개인적인 자기 수용적, 도덕적 원리에 기초하는 최고 수준에 이른다. 이 최고의 수준은 때때로 후인습적 또는 자율적이라고 부른다.

이러한 세 수준을 여섯 단계로 구분한다. 콜버그의 6단계에서는 도덕적 결정은 다른 가치 판단과 혼합되어 다른 사건에 의해서 규칙도 변한다고 하는, 저차원의 수준으로부터 도덕적 가치를 다른 것과는 구별하는 고차원의 수준에 대한 발달로 나타내고 있다.

1 전인습적 수준

4세부터 10세까지의 아동기에 해당하는 시기로 인간은 선악 개념을 놀이를 통해 동료들로부터 배우게 된다. 그러나 이러한 집단이나 단체의 도덕 개념의 내용은 성인 사회의 규범과는 그 성격을 달리할 수 있다. 왜냐하면 아동기의 도덕 개념은 아직도 세분화되어 있지 않기 때문이다. 그들의 도덕적 결정은 근본적으로 자아중심적이고 이기적이며 구체적인 감각성에 의존하고 있다.

① 제1단계 : 벌과 복종의 단계

이 단계의 주요 행동요인은 체벌을 피하고 칭찬을 얻기 위하여 주어진 규칙에 복종하는 상태이다. 아동들의 도덕 관념은 극히 비합리적이고 어떤 제재에 대한 공포로 차 있다. 따라서 그들은 무조건적으로 외부의 힘에 순응하려 되도록 충돌을 피하려고 한다.

② 제2단계 : 수단적인 상대주의의 단계

이 단계의 아동들은 개인과 사회와의 구별을 하지만 자기의 생각이나 욕구가 옳고 그른지를 판단함에 아직 혼란을 갖게 된다.

2 인습 또는 도덕적 수준

이 시기의 특징은 자기중심성이 사라지면서 사회적인 방향으로 나타난다.

콜버그는 이러한 현상을 사회적인 모든 규범에 적용하고 인간의 유지, 발전으로 보고 있다. 일반적으로 청년기에 있어서의 도덕적 판단은 사회성을 띠게 되는데 이것은 곧 인간이 사회화되어 감을 뜻한다고 그는 보았다.

① 제3단계 : 개인 간의 기대, 관계, 동조의 단계

콜버그는 이 단계를 인간이 자기를 남에게 인정받으려는 심리에서 행하는 도덕의 발달시기로 보았다. 자기욕구와 도덕개념은 이제 분리되지만 사회적으로 인정받는 행위가 옳으냐 그르냐에 대한 가치 판단력은 아직도 미분화되어 있다.

② 제4단계 : 사회체제 및 양심 유지의 단계

도덕 판단의 모든 근거가 개인에서 출발하여 이때까지의 타인 중심에서 또는 자기 인정 중심에서 벗어나 사회의 도덕적 규범 및 행위 규율에 맞도록 해 나간다.

3 후인습 자율적 수준

이 시기의 수준에서는 자기중심적인 선악 판단은 물론 사회적인 가치기준에 의한 도덕관념의 획득을 떠나서 개체의 자율적인 세계관에 의해 가치기준을 설정한다.

⑤ 제5단계 : 일반화의 단계

도덕적 판단 기준은 개인의 권리나 인간의 존엄성, 평등권, 상호 복지 등의 사회계약설과 같은 입장에 있다.

⑥ 제6단계 : 궁극화의 단계

인간의 평등권, 존엄성, 생존권 등과 같은 윤리성이 이 단계의 최종 형태로 양심으로 표현된다.

콜버그의 이론은 일부 경험적인 검증을 받기도 하였지만 인습 이후의 도덕성 발달에 관한 경험적 연구에 대한 지지가 미약하고, 도덕적 행동과 도덕적 판단의 일치성 문제, 여자와 아동의 도덕성 발달에 대한 명확한 설명이 없어 비판을 받고 있다.

전인습적 수준	인습적 수준	후인습적 수준
· **1단계** : 복종과 처벌 지향단계–이 시기의 아동은 복종과 처벌에 따라 행동 판단 · **2단계** : 수단적인 상대주의–이 시기의 아동은 자신과 타인을 만족시키려는 도구로서 도덕적 행동을 정의하면서, 더 이상 규칙이나 법률을 고정적이거나 절대적인 것으로 생각지 않음 각자의 욕구와 쾌락에 따라 상대적이므로 쾌락주의로 결정	· **3단계** : 착한 아이 지향단계–이 단계에서는 도덕이란 타인과 좋은 관계를 유지하는 것으로서, 칭찬받고 싶어하고 타인을 기쁘게 해주고 도와주려는 방향으로 생각하고 행동 · **4단계** : 사회질서와 권위지향단계–사회질서와 권위를 유지하는 방향으로 행동하지만, 사회질서와 법률의 존재이유와 그 기능에 대한 개념을 가지고 있다는 점이 3단계와 차이점	· **5단계** : 민주적 법률단계–이 단계의 청소년은 사회의 계약이나 개인의 권리 그리고 민주적인 방식으로 수용된 법률에 따라 행동법이란 다수인이 화목하게 살기 위해 공동체가 동의한 장치라고 이해 · **6단계** : 보편적 원리단계–개인의 양심에 따라 행동 현존하는 법칙에 따라 행동을 규정하지만 도덕적 규제자로서의 자기양심의 소리가 우선순위로 도덕발달의 최고지점

그림 4-6 Kohlberg의 도덕발달 3수준 6단계

(2) 남성과 여성의 도덕적 추론

도덕적 지향에 있어서 성차가 있을까? 길리간(C. Giligan, 1982)의 주장에 의하면 그 가능성이 높다. 길리간의 견해에 의하면, 남성은 도덕성을 모든 사람들이 각기 공평하게 취급되는 추상적, 합리적 원리에 기초하는 정의의 문제로 보는 경향이 있다. 콜버그의 도덕적 딜렘마에 답하면서 한 11세 소년은 "인간에 대한 수학문제 푸는 것 같네요"라고 말했다. 여성들에게는 연민, 인간 간의 관계, 가깝게 지내는 사람들에 대한 특수한 책임 등이 도덕성에서 중요시된다. 이렇게 남성과 여성이 도덕성을 보는 초점이 다르므로, 콜버그의 측정방식에 따르는 경우 여성이 남성보다 더 낮은 단계의 도덕적 추론 점수를 받게 될 것으로 예상할 수 있다. 왜냐하면 길리간이 지적하는 바와 같이, 콜버그는 그의 도덕적 사다리의 가장 꼭대기를 '후인습적 도덕성'이라고 명명하는데, 이 단계는 남성이 도덕적 질서로 보는 방식과 딱 들어맞는 추상적, 합리적 원리 바로 그것으로 정의되고 있기 때문이다. 반면에 다른 사람들을 도와 주는 것에 강조점이 주어지는 여성의 도덕성은 콜버그의 낮은 단계로 판단되게 되어 있다. 그러므로 콜버그의 검사 점수에 있어서 여성이 남성보다 낮은 점수를 받는다는 것은 놀라울 것이 없다(Gilligan, 1982).

길리간은 여성이 콜버그의 최고수준의 추론을 못한다고 하는 것이 아니라(추론은 하지만 응답할 때) 최고수준으로 판단되는 답 이외의 다른 답을 택한다는 사실이라고 말한다. 길리간에 의하면, 여성의 관점은 남성의 관점에서 강조되는 인권과 정의라는 추상적 개념보다는 인간관계, 애착 및 개인적 책임을 강조한다는 것이다(Gilligan, 1986). 강조에 있어서의 그러한 차이는 자진하여 다른 사람을 돕는 것에 가치를 부여하는 경향성 그리고 정서적 공감을 보이는 경향성에 있어 소녀들이 소년보다 강하다는 점 등을 포함한 여러 가지 경험적 연구결과에서도 암시된다(Hoffman, 1977).

제 5 장

생태학적 관점

1. 로렌쯔의 동물행동학적 이론
2. 브론펜브레너의 생태체계 이론

1. 로렌쯔의 동물행동학적 이론

동물행동학은 행동이 생물학에 의해 강하게 영향을 받는다고 강조하면서, 진화와 관련되어 있으며 결정적이거나 민감한 시기에 의해 특징 지워진다고 설명하고 있다. 동물 행동학자들은 일생에 있어 현재 또는 특정 시기의 어떤 경험의 부재가 개인에게 영향을 미친다고 믿고, 이러한 특별한 시기의 중요성을 과소평가해 왔음을 주장하였다. 또한 동물 행동학자들은 진화와 생물학적 기초가 발달에 있어서 중요한 역할을 한다고 강조한다(Rosenweig, 2000).

동물학자인 로렌쯔(K. Lorenz, 1903-1989)와 틴버겐(N. Tinbergen,)은 현대 동물학의 초석을 마련하였다. 그들은 자연서식지에서 다양한 종의 동물을 관찰하면서 생존에 관한 행동패턴을 관찰하였다. 가장 잘 알려진 거위연구를 통해 새끼가 어미와 함께 있어야 먹이를 얻을 수 있고 위험으로부터 보호될 것이라는 확신에서 비롯된 쫓기 행동을 예로 각인의 개념을 설명하였다. 각인은 초기의 특정한 발달기간 동안에 일어난다. 만약 이 시기에 어미오리 대신에 어미와 유사한 대체물이 제시된다면 새끼오리는 그 대체물에 각인될 것이다(Lorenz, 1952). 처음에 만난 대상에 대해 애착을 갖는 것을 포함하여 특정 기간 내에 빠르게 본능적으로 배우는 이 과정을 로렌쯔는 '각인(imprinting)'이라고 명명하였다(그림 5-1).

각인행동의 관찰은 결정적 시기(critical period)라는 아동발달에 있어서 주요한 개념을 도출했다. 결정적 시기는 아동이 어떤 행동을 획득하기 위한 특정한 시기와 관련이 있으며 이때 적절한 환경적 자극이 필요하다. 많은 연구자들은 어떤 특정한 시기에 복잡한 인지의 발달과 사회적 행동의 학습이 이루어지는지를 연구과제로 삼고 있다. 예를 들면, 만약 아동들이 생후 초기에 적절한 음식과 신체적·사회적 자극을 박탈당한다면 지적능력이 손상되는가? 만약 유아기에 언어를 습득하지 못한다면 다른 능력의 발달이 지연되는가?

그림 5-1 로렌쯔의 각인 현상

결정적 시기보다 민감기(sensitive period)라는 개념이 인간 발달을 좀더 잘 설명해 준다(Bornstein, 1989). 민감기는 최적의 능력 발달에 미치는 환경적 영향을 강조하는 것으로 결정적 시기보다 덜 제한적인 개념이다. 민감기 이후에 능력의 획득과 발달이 일어날 수도 있으나 좀더 시간이 걸린다.

영국의 심리학자 보울비(J. Bowlby, 1969)는 영아와 양육자와의 관계를 이해하는데 각인에 관한 동물행동학 이론을 적용하였다. 아기의 미소, 울음, 옹알이와 잡기 등의 행동이 자기를 돌보아 주는 사람과의 상호작용을 원하는 사회적 신호라고 보았다. 따라서 이러한 행동이 부모로 하여금 수유와 보호, 건전한 성장에 필요한 자극과 애정을 제공하는 부모로서의 책임을 느끼게 한다는 것이다. 영아기 애착발달은 양육자와 깊은 정서적 유대감을 형성하도록 하는 심리구조의 변화가 나타나는 긴 과정이다(Vanden Boom, 2002).

보울비에 의하면, 낯선 것에 대한 공포 때문에 낯익은 대상에 대한 애착이 생긴다. 현실세계에서 애착의 대상은 일반적으로 어미이지만, 반드시 어미일 필요는 없다. 할로우(Harlow, 1959)의 연구에서(진짜 어미가 아닌) 헝겊어미에 대한 새끼 원숭이의 사랑이 가능하다는 사실은 애착대상이 유전인자에 의해 엄격하게 결정되는 것이 아님을 우리에게 알려주는 것이다.

인간의 애착발달은 조류새끼의 각인보다 훨씬 복잡하다. 동물행동학자들의 관찰은 정서적 표현, 공격성, 협동, 사회적 놀이 등 아동의 사회적 행동의 많은 측면이 영장류와 유사하다는 것을 보여주었다. 최근 연구자들은 진화론적 발달심리학(evolutionary developmental psychology)이라고 불리는 새로운 연구 영역을 개척하였다. 이 분야에서는 연령에 따라 변화하는 능력처럼 광범위한 종의 인지적, 정서적, 사회적 능력의 적응 가치를 이해하고자 한다.

동물행동학적 이론의 평가

(1) 동물행동학적 이론의 공헌

- 생물학적 그리고 발달의 진화적 기초 강조
- 자연적인 환경에서의 주의깊은 관찰
- 발달의 민감기에 대한 강조

(2) 동물행동학적 이론에 대한 비판

- 결정적 그리고 민감기에 대한 개념 완고
- 생물학적 기초에 대해 지나친 강조
- 인지과정에 대한 불충분한 관심
- 인간보다 동물에 대한 발생 연구에 적절

2. 브로펜브레너의 생태체계 이론

동물행동학적 이론이 생물학적 요소를 강조한 반면, 생태체계 이론은 환경적 요소를 강조했다. 아동발달을 이해하는데 중요한 생태체계 이론이 브론펜브레너(U. Bronfenbrenner, 1917-2005)에 의해 창설되었다.

미국의 심리학자인 브론펜브레너는 아동발달의 맥락적 영향에 관한 현저한 업적 때문에 20년 넘게 아동 발달 분야에서 중추적인 역할을 하고 있다. 생태체계이론(ecological system theory)은 아동을 주변 환경으로부터 다양한 수준의 복합적 체계 내에서 발달하는 존재로 본다. 브론펜브레너는 최근 아동의 생물학적 영향과 환경적 영향의 결합을 강조하여 생물생태학적 모델(bioecological model)이라고 명명했다(Bronfenbrenner & Evans, 2000).

U. Bronfenbrenner

1) 생태학적 환경구조

브론펜브레너는 가정과 학교, 이웃을 포함하여 점차 확장되는 생태학적 환경구조를 구상했다(그림 5-2). 환경의 각 층은 발달에 강력한 영향을 미친다.

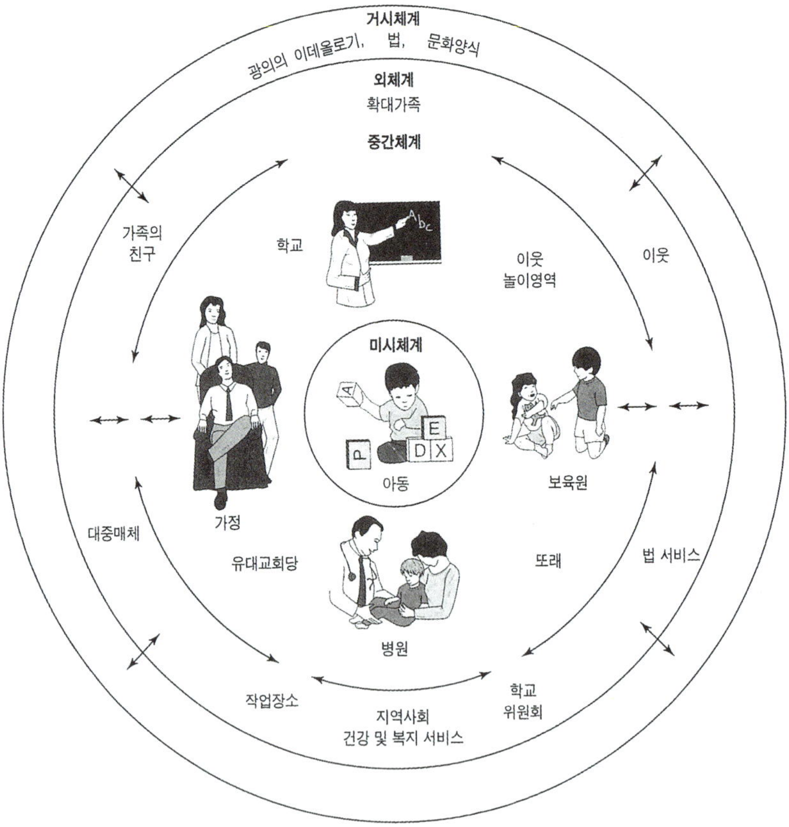

그림 5-2 인간발달에 대한 생태학적 체계 모형

* 출처 : Shaffer(1999)

(1) 미시체계(microsystem)

환경의 가장 내부 수준인 미시체계는 아동과 밀접한 주변 환경의 행동 및 상호작용 패턴과 관련이 있다. 성인들이 아동들의 행동에 영향을 주고 아동의 신체적 속성, 성격, 능력 등의 생물학적, 사회적 요인들 또한 성인의 행동에 영향을 준다.

미시체계에서의 타인은 두 사람 관계의 질에 영향을 준다. 서로에게 우호적이라면 상호작용은 더욱 진전된다. 그 예로 자녀의 양육과정에서 부부가 서로 역할을 지지하고 격려한다면 좀더 효과적인 부모 역할을 하게 된다고 한다(Cowan, Powell & Cowan, 1998). 반대로 부부간의 갈등은 자녀들에 대해 일관성 없는 규칙과 적의적인 반응으로 인하여 자녀들의 반응 또한 반항적이고 적응이 어렵게 된다(Hetherington & Stanley-Hagen, 2002).

(2) 중간체계(mesosystem)

브론펜브레너 모형의 두 번째 수준인 중간체계에는 가정, 학교, 이웃, 유아교육기관과 같은 미시체계들 간의 연결이 포함된다. 아동의 학업은 교실에서 일어나는 행동 뿐만 아니라 부모들의 학교생활에 대한 관심과 과제지도에 의해서도 증진된다(Epstein & Sanders, 2002). 마찬가지로 가정에서의 부모-자녀 상호작용은 유아교육기관에서의 교사-아동의 상호작용에 영향을 주며 그 반대도 마찬가지이다. 가정과 기관과의 관계는 가정과 교사 간에 방문과 정보 교환의 형태로 연결되어 있을 때 발달을 촉진시켜준다.

(3) 외체계(exosystem)

아동을 포함하지 않는 사회적 환경으로 구성되어 있으나 가까운 환경의 경험에 영향을 준다. 부모의 직장, 종교기관, 지역사회의 건강과 복지 서비스와 같은 공적인 조직들이 포함된다. 예를 들면, 분만 휴가와 자녀가 아픈 부모에게 병가를 주는 유동적인 근무 형태는 근무 환경이 부모가 자녀를 양육하도록 도우며 간접적으로 발달을 증진시킨다. 가까운 친구와 친인척, 동료들, 경제적 지원과 같은 비형식적인 외체계의 지원 모두 사회적 연결망이다. 연구에 따르면 잘못된 외체계 활동은 부정적인 충격을 가져오곤 한다. 사회에서 고립된 가족이나 실직가정을 보면 개인이나 지역사회와 기본적인 연결고리가 없기 때문에, 가정안에서의 갈등과 아동 학대의 비율이 증가된 것으로 나타났다고 한다(Emery & Laumann-Billings, 1998).

(4) 거시체계(macrosystem)

브론펜브레너 모형의 가장 바깥쪽 수준으로 관습, 법, 종교, 정치, 이데올로기, 문화적 가치와 자원 등이 포함된다. 거시체계가 아동의 요구에 우선 영향을 미치는 지는 경험하는 지원의 수준과 질에 따라 다르다. 예를 들면, 국가가 취업한 부모에게 일반적인 후생복지와 질적 보육을 제공해 주면 아동들은 좀 더 질 좋은 경험을 할 것이다(Children's Defense Fund, 2003; Kamerman, 2000).

(5) 시간체계(chronosystem)

브론펜브레너는 그의 모형에서 시간을 의미하는 연대기적 개념으로 일시적 영역을 설정하고 이를 시간체계라고 하였다. 인생에서 변화가 아동에게 일어날 수 있다. 반대로 아동이 자라면서 주어진 환경과 경험을 선택, 재구성, 창조하면서 아동의 내부에 변화가 일어날 수 있다. 전 생애에 걸쳐 나타나는 변화들과 사회역사적인 환경을 어떻게 다루는가는 아동의 신체, 인지 및 인성적 특성과 환경적 분위기에 달려 있다. 그러므로 생태체계이론에 의하면 발달은 환경만으로 통제되거나 내적 성향으로만 이루어지는 것이 아니다. 주어진 환경에 영향을 받을 수 밖에 없는 존재인 아동은, 환경의 산물이고 생산자이므로 발달이란 아동과 환경 간의 상호의존의 결과인 셈이다.

2) 생태체계 이론의 평가

(1) 생태체계 이론의 공헌

- 환경적 체계의 거시와 미시차원에 대한 체계적인 조사
- 환경적 세트들의 연결에 집중(중간체계)
- 발달에 대한 사회 역사적 영향력에 대한 고려(시간체계)

(2) 생태체계 이론에 대한 비판

- 최근에 생물학적 영향력에 대한 논의가 증가되었음에도 불구하고 여전히 발달의 생물학적인 기초에 대한 관심 부족
- 인지과정에 대한 관심 불충분

제 6 장

현대 아동발달 이론의 새로운 방향

1. 신지능 발달론적 관점
2. 역동적 체계론적 관점
3. 절충주의적 관점

1. 신지능 발달론적 관점

20세기의 이성에 중심을 둔 심리측정적 접근의 교육적 한계를 극복하고자 많은 심리학자, 교육심리학자들의 노력이 있었는데 그 대표적인 것이 사회적 지능 영역으로 다중지능(MI)과 정서지능(EI)을 들 수 있다. 사회적 지능의 개념에서는 다른 사람들과의 사이에서 나타나는 감정, 기질, 의지 등과 자기 자신을 이해하는 지식, 유아 자신의 지적인 능력, 부족함, 희망, 감정, 자기 자신을 아는 것에 기초하여 반응할 줄 아는 능력, 자신의 행동을 이끌고 이해하는 것에 따른 감정을 표현할 줄 아는 능력에 관하여 설명하고 있다.

1) 가드너의 다중지능이론(Multiple Intelligences Theory : MI)

여러 지능이론 중에서 최근 학교교육의 개선의 실제적인 시사를 주며, 이론의 현장 적용을 주도하고 있는 것은 하버드대 가드너(H. Gardner) 교수가 발표한 다중지능이론이라고할 수 있다.

최근 다중지능이론에 대한 부모들의 관심이 높아지고 있다. 그의 견해에 의하면 사람의 지능은 크게 9가지의 영역으로 구성되어 있다. 영유아기 때 9가지 지능을 골고루 자극해 주면 어느 한쪽에 치우치지 않고 모두 계발할 수 있다.

가드너는 100여 년 IQ검사를 개발하고 지능이론을 주도해 온 전통적인 심리측정 관점의 문제점을 지적하였다. 지능을 단일 요인으로 가정하였고, 지능의 유전을 지나치게 강조하였으며, 측정방법으로 객관화된 지필검사에 의존한다는 것이다. 이러한 문제점을 지적하면서 가드너는 9가지로 구분하였다. 이 중에서 자연관찰 지능과 실존지능은 최근에 추가한 것이다.

(1) 다중지능의 유형

1 논리-수학지능(logical-mathematical intelligence)

수학, 과학, 논리 분야의 천재들에게서 발견되는 능력으로 수리적, 논리적 사고와 관련된 재능이다.

2 언어지능(linguistic intelligence)

문학가나 언론인에게서 나타나는 재능으로 기존의 지능검사의 언어요인에 해당된다. 어휘의 소리, 리듬, 의미 그리고 언어의 서로 다른 기능을 민감하게 파악하는 능력을 말한다.

3 음악지능(musical intelligence)

작곡가, 연주가, 성악가, 지휘자 등 음악가에게서 발견되는 음악적 재능을 말한다.

4 신체운동지능(body-kinesthetic intelligence)

신체운동지능이란 자신의 모든 신체를 이용해서 어떤 생각이나 감정을 표현하는 능력(예 : 배우, 운동선수, 무용가 등)과 자신의 손을 이용해서 사물을 만들거나 변형시키는 능력(예 : 장인, 조각가, 외과의사 등)을 말한다.

이 지능에는 자기 자극에 대한 감수성, 촉각적 능력 뿐 아니라 협응, 손재주, 유연성, 속도 등과 같은 특정한 신체적 기술이 포함된다.

5 시각공간지능(spatial intelligence)

건축가, 기술자, 조각가, 화가에게서 발견되는 재능으로 시각, 공간적 세계를 정확히 지각하고 그 지각한 내용을 머릿 속에서 변형, 회전시켜 볼 수 있는 재능이다.

6 대인관계지능(interpersonal intelligence)

카운슬러, 판매원, 석가나 간디, 소크라테스와 같은 종교인, 사상가 등에게서 발견되는 능력이며 근래에 재기된 정서지능이나 1920년에 손다이크가 말한 사회 지능과 유사하다. 가정이나 집단 등에서 다른 사람들의 감정, 기질, 동기, 의도를 잘 파악하고 적절히 대하는 능력이다.

7 자기이해지능(intrapersonal intelligence)

자신의 감정을 잘 알고 다스리는 사람, 신체적 컨디션과 행동을 잘 조절하는 사람, 종교인에게서 발견되는 능력으로 자신의 감정, 장단점, 특기. 희망, 지능, 관심 등을 잘 파악하는 재능을 의미한다.

8 자연탐구지능(natural intelligence)

동식물이나 주변 사물, 즉 헤어스타일, 자동차, 운동화 등을 자세히 관찰하여 차이점이나 공통점을 찾고 분석하는 능력이다. 사냥꾼, 진화론을 세운 다윈과 같은 사람이 대표적인 인물이다.

9 실존지능(existential intelligence)

실존지능은 인간의 존재 이유, 생과 사의 문제, 희로애락, 인간의 본성, 사랑,

행복, 가치 등 철학적인 어떤 의미에서는 상당히 종교적인 사고를 할 수 있는 능력이다. 이 지능은 뇌에 해당 부위가 없을 뿐만 아니라 아동기에는 이 지능이 거의 나타나지 않는다. 그래서 가드너는 다른 8가지 지능과 달리 반쪽 지능으로 간주하고 있으며 대개의 경우 이것을 제외하고 설명한다.

위의 9가지 지능은 모든 사람에게 존재하지만 훈련 등을 통해 인지발달이 촉진될 수 있다고 본다. 이 지능들은 서로 연합하여 하나의 목표를 달성한다. 가령 요리를 하기 위해서는 요리책을 이해할 수 있는 언어지능, 요리과정을 단계별로 구분할 수 있는 논리-수학지능, 손을 자유롭게 놀릴 수 있는 신체운동지능, 가족의 취향을 감지하여 만족시킬 수 있는 대인관계지능 등이 필요할 것이다. 또한 어떤 지능이 각 사람에게 어떤 활동형태로 나타나는지는 사람마다 다르다. 가령 신체운동지능이 목수에게는 손재주로 나타나며, 축구선수에게는 발재주로 활동형태를 나타낼 것이다.

(2) 다중지능 측정방법

가드너는 최근의 지능 측정경향과 같은 맥락에서 기존의 지능검사와 달리 실제 상황에서 각 지능의 표현형태인 의미있는 측정을 해야 한다고 주장하고 있다. 가령 신체운동지능을 측정하려면 직접 활동을 시켜 보고, 공간지능을 측정하려면 실제로 그림을 그려보아야 한다.

다중지능을 측정하는 대표적인 방법으로 교실에 다양한 종류의 활동 코너를 설치하고 각 코너에서 아동들의 활동을 통하여 지능의 징표를 찾는 것이다. 다양한 종류의 물건들을 서로 비교하게 하는 자연관찰 코너에서는 관찰 및 논리적 분석력과 감각 기능을 측정한다. 이야기 코너는 언어지능과 상상력을 측정하며, 교실을 꾸미게 하는 건축코너에서는 공간, 운동감각, 인간관계 지능을 측정한다. 지능을 검사하는 방법이 기존의 지필검사 뿐만 아니라 기계조작, 말하기, 그림그리기, 춤추기, 타인의 활동 관찰하기 등 다양한 분야에서-포트폴리오와 같은-아동들의 지능 특징을 발견하기 위해 이렇게 복잡하고 까다로운 방법만을 사용할 수는 없다. 따라서 자유 시간에 아동들의 행동을 관찰하고 기록하며, 포트폴리오를 참고하면 학생들의 지능특징을 발견하기가 어렵지 않다. 언어지능이 높은 아동은 책이나 대화를 선호하고, 신체운동지능이 탁월한 아동은 쉬는 시간에 주로 운동장으로 갈 것이기 때문이다.

(3) 다중지능의 활용

아동 개개인의 지능을 파악하여 이에 맞게 수업내용을 제시하는 것이 효과적이라는 주장에는 이론의 여지가 없다. 그러나 아동 개인의 우수한 지능을 찾는 것이 현실적으로 쉽지 않다는 것과 각 교과별로 수업내용을 서로 다른 지능의 표현 형태로 재구성하여 제시하는 것이 교사 입장에서 결코 수월하지 않다는 점이 다중지능 수업의 문제점이다. 실제로 미국에서 다중지능 수업을 하는 교사들은 수업준비 시간이 기존 수업에 비해 4배 내지 6배까지 소요된다고 한다. 그래서 다중지능 수업 연구비의 상당 부분이 교사들의 수업준비에 대한 수당으로 지출되고 있다.또한 교사들에게 수업준비 시간이 충분하다 해도 한 시간의 수업내용에서 어느 부분을 어느 지능의 표현 형태로 재구성할지도 문제이다. 한 과목의 수업을 9개의 지능형태로 재구성하여 가르친다는 것은 불가능한 일이다. 실제로 한 시간의 수업에서 4개 이상의 지능과 연관하여 가르치는 것도 쉽지 않다. 교사의 창의성과 준비 시간 외에도 다중지능 이론에 근거한 수업의 성패는 교육과정, 평가, 주변 문화에 달려 있다.

또한 평가가 전통적인 지필검사에 의해 기억내용의 측정에 그친다면 다중지능 교육의 효과는 기대하기 어렵다. 또 학교교육에 대한 사회적 요구와 주문이 아동들의 특기를 살리기보다 주어진 교육과정의 획일적인 이수와 지식 교육 위주의 수업을 강조한다면 다중지능 수업은 효과를 거둘 수 없다.

아동의 지능을 계발하는 데 있어 가장 중요한 것은 부모의 관심과 관찰이다. 부모가 아동의 행동에 늘 관심을 보이고, 어떤 지능이 강하고 약한지를 파악해야 한다.

논리-수학지능은 기본 개념인 분류와 비교 개념을 심어주는 게 중요하다. 아동과 함께 엘리베이터를 탈 때도 "지금 이 엘리베이터 안에 남자가 몇 명, 여자가 몇 명 탔구나"라고 분류해 주고, 아동이 조금 크면 엘리베이터 층수를 2, 4, 6층과 3, 5, 7층으로 나누어 홀수, 짝수 개념을 심어준다. 언어지능을 계발하기 위해서는 의성어와 의태어를 많이 사용하고, 아동의 말에 항상 반응을 해주는 것이 좋다. 예를 들면, 딸기를 먹을 때도 그냥 딸기가 아니라 '알록달록 새콤달콤'이라고 수식어를 붙이고, 리듬감을 표현하면 아동들이 좋아한다. 음악지능은 클래식, 동요 등을 들려주는 것도 음악지능 발달에 좋지만 가능하면 생활 속 소리들을 자주 들려주는 게 좋다. 예를 들면, 초인종 소리나 세탁기 소리, 새소리나 동물 울음소리를 들려주고, 돌이나 나무토막을 직접 두드리며 소리를 느끼게 해준다. 시각공간 지능은 아동과 함께 집안 곳곳을 탐색해 보거나 다양한 장소를 접할수록 자극이 많이 된다. 자유롭게 그림을 그리게 하거나 물건 제자리 놓기, 놀이, 퍼즐맞추기, 미로 찾기 등의 놀이도 시각공간 지능 자극에 도움이 된다. 아동의 신체운동 지능을 발달시키려면 아동 뿐만 아니라 부모도 함께 움직여야 한다. 아동과 함께 기어서 집안을 돌아다니고, 아동이 엄마 아빠 몸 위를 기어 다니도록 한다.

대인관계 지능은 종종 새로운 사람과 만나는 기회를 주고, 기본적인 인사와 더불어 '고맙습니다' 미안합니다'라는 표현은 늘 상기시켜 준다. 자기이해지능은 모든 지능의 기본이 될 정도로 중요한 부분이다. 24개월 이전에는 항상 칭찬을 해 자신감을 키워주고, 아동과 한 약속을 반드시 지키도록 한다. 그리고 부모가 해 주기에 앞서 아동의 의사를 묻는 것도 중요하다. 사소한 것이라도 '어느 것 먹을래?' 라고 물어 자신의 의견과 주장을 정확히 표현하도록 한다. 자연탐구 지능을 발달시키려면 산과 들, 바다로 여행을 자주 가는 것이 좋다. 직접 자연을 느끼면서 흙과 풀, 물을 만져보게 한다. 실존지능을 발달시키는데는 어려서부터 위인전을 읽거나 부모와 더불어 종교생활을 하는 것도 큰 도움이 된다. 이를 통하여 청소년기에 긍정적인 자아정체감 확립으로 올바른 인생관을 정립할 수 있게 된다.

2) 정서지능(Emotional Intelligence Theory : EI)

사회에서 성공을 하기 위해서는 지능보다 정서지능이 더 중요하다. IQ는 성공에 20%만 기여한다. 1995년 10월 미국의 주간지 및 일간지들이 일제히 크게 보도한 골맨(Goleman)의 정서지능이란 책의 주제다. 그는 하버드대학에서 심리학으로 박사학위를 받고 뉴욕타임지에서 과학분야의 전문기자로 일했다, 원래 골맨의 '정서지능'을 EI(Emotional Intelligence)로 명기했다. 그러나 뉴욕 타임지에서 IQ와 대칭되는 EQ로 표기하면서 EQ가 일반화되었다. 그리고 정서지능은 현재 IQ처럼 측정하여 수치화할 수 없기 때문에 엄격하게 말하면 EI라고 표현해야 옳다. 왜냐하면 정서지능 자체도 여러 지능 중 일부라고 보기 때문이다. 정서지능의 요인들은 IQ테스트로서는 측정되지 않는다. 정서지능은 인간사회에서 더 필요한 요인임에도 불구하고 사람들에게는 그 동안 무관심한 분야였다. 약 100여 년 동안 현대교육에서는 수리, 언어, 창조적 추리 및 논리적 능력을 말해 주는 IQ 위주의 교육에만 전념해 왔기 때문이다. 그러나 머리만 똑똑한 학교의 우등생이 왜 사회에서 성공하지 못하는가에 대한 의구심은 최근에 와서야 강하게 대두되었다.

그러던 중 1990년 초 Salovey와 Mayer가 처음으로 정서지능에 대한 공동

연구로 그 개념을 정리하였다. 그들은 '자신의 감정을 이해하고, 남들의 감정에 공감하고, 그 감정들을 통제하는 능력'이라고 정의하였다. 정서도 하나의 지능으로 IQ처럼 개발할 수 있다는 시도였다. 머리만 똑똑한 우등생보다 정서적인 우등생이 사회에서 더 성공한다는 논리였다. 골맨에 의하면, 정서지능이란 충동자제 능력, 동기 부여능력, 타인과의 감정 공유능력, 인간관계 능력 등을 말한다. 이러한 능력들을 갖기 위해서는 먼저 자기 스스로 따뜻하고 아름다운 마음, 남을 돕고 싶은 마음, 남을 포용할 줄 아는 넉넉한 마음, 즉 EQ를 가져야 한다. 차갑고 메마른 마음을 가지고 있어서는 안 된다. 차갑고 메마른 마음을 가진 사람은 EQ 자체가 빈약한 사람이다. 따라서 이러한 사람은 성숙한 인격을 기대하기 어렵다. EQ가 높은 사람은 자기 자신의 감정상태를 정확히 인식할 뿐만 아니라 그 감정에 대한 자신의 생각도 안다. 나 자신의 감정상태를 정확히 알고 그 감정에 대하여 선악간에 분별력이 있는 사람은 실수를 줄일 수 있다. 이는 높은 EQ를 가지고 있을 뿐만 아니라 그 EQ를 계발하고 EQ를 가진 사람이다. 우리는 가끔 '나도 모르게 그런 일을 저질렀다'고 말한다. 그가 바로 EQ가 낮은 사람의 경우다. 또한 EQ가 높은 사람은 타인의 감정을 읽을 줄 알고, 돌발적인 충동을 절제할 줄 알며 분노를 삭일 줄 알고, 사물을 긍정적으로 파악할 줄 알며, 자신의 풍부한 감성을 상대방에게 표현할 줄 아는 능력을 갖고 있다. 따라서 인간은 첫째, 풍성한 EQ를 가지도록 교육해야 하고 둘째, 그 풍성한 EQ가 좋은 열매를 맺도록 다듬어서 성숙한 사람이 되도록 교육해야 한다. EQ가 높은 사람은 행복지수(HQ)도 높다. 왜냐하면 EQ가 높은 사람은 긍정적인 사고를 가지고 있기 때문이다. 이런 사람은 매사에 자신이나 타인에 대하여 긍정적인 입장에서 용서하고 이해하며 도와 준다. 인간의 행복이란 그 사람이 처한 상황보다는 그 상황에서 스스로 어떻게 생각하느냐에 달려 있다. 아무리 부자라 하여도 항상 부족함을 느끼는 사람은 가난한 사람이고, 설사 가난한 사람이라 하더라도 스스로 풍족하다고 생각하면 풍요한 사람이다.

교육학적으로 IQ가 무엇을 어떻게 아느냐(what to know and how to know)하는 지식의 영역이라면, EQ는 무엇을 어떻게 느끼느냐(what to feel and how to feel), 그리고 어떻게 그 감정을 조절하느냐 하는 정서의 영역이다. 전자는 논리적으로 생각하고 기억하는 부분(IQ)이 있고 정서를 생산하는 부분(EQ)도 있다. 역사적으로 유명한 학자와 과학자들은 높은 이성능력의 소유자였다. 예를 들면, 갈릴레이, 토마스, 프로이드는 추리력, 수리력이 뛰어난 인물로서 자연세계에 숨어 있는 법칙을 찾아내는데 성공한 사람들이다. 한편, 윈스턴 처칠과, 간디와 루터 킹 목사, 베토벤과 고갱과 같은 역사상 유명한 도덕적 정치가, 예술가들은 정열과 용기, 신념과 절제력, 자기 자신의 감정을 올바르게 통제하고, 활성화시키는데 성공한 사람들 즉 정서능력이 높은 사람들이다.

그러나 이처럼 이성능력과 정서능력을 구분할 수 있다고 해서 이 두 능력이 완전히 별개로 존재한다 보기는 어렵다. 이 두 능력의 크기와 양은 사람에 따라 다르게 존재한다 하여도 이 두 능력은 서로 함께 작용하지 않으면 각자의 독특성을 잘 발휘하기가 어렵다. 예컨대, 아인슈타인이 아무리 논리, 수학적인 지능, 즉 이성능력이 뛰어났다고 하더라도 그 능력으로 인내심과 정열을 가지고 연구에 몰두하지 않았다면 그는 훌륭한 과학적 업적을 이루어 내지 못했을 것이다. 에디슨도 마찬가지다. 뛰어난 상상력과 창의력을 가지고 있었지만 만약에 그가 100여 차례 이상의 지루한 반복실험을 해낼 수 있는 지구력과 인내심을 갖고 있지 못하였다면 전구의 발명에 실패하였을 것이다. 처칠은 인내심이 뛰어난 정치가였다. 그러나 그가 사리에 맞지 않는 비합리적인 정책을 추진하였다면 아무리 그가 정열과 신념을 가지고 국민을 설득했더라도 그는 실패했을 것이다. 간디도 마찬가지다. 인도의 독립과 국민들에 대한 긍휼한 마음이 있지만, 그가 합리적이고 사리에 맞지 않는 시민운동을 전개하였더라면 인도의 독립운동은 실패하였을 것이다.

따라서 이성능력과 정서능력은 함께 균형을 맞추어 발달해야 한다. 그러나 불행하게도 이성능력은 중요시해 왔지만 정서능력에는 별 관심을 갖지 못하였다. 이성능력을 우리는 그간 IQ라고 부르면서, 측정하고자 노력하였으며 IQ높은 사람을 선호해 왔다. 그러나 정서능력을 높이려는 시도조차도 하지 못했다. 단지 정서능력이 높은 사람을 개인적으로 선호하기는 했으나 선발의 요소로 삼지는 않았다. 그러나 최근에 이르러 정서능력에 대한 관심이 급증하게 되어 정서능력을 정서지능이라고 부르면서 측정도 가능하고 개발할 방법도 있다는 주장이 대두되고 있다.

한편, 골맨(Goleman, 1995)은 가드너의 이론과 살로베이(Salovey)와 메이어(Mayer)의 이론을 참고로 하여 정서지능을 다섯 가지의 요인으로 나누어 설명하고 있다.

골맨이 제안한 다섯 가지 정서지능의 구성요인은 정서의 자각능력, 정서의 관리능력, 자신의 감정을 동기화 시킬 수 있는 능력, 타인의 정서를 정확히 인지하여 공감할 줄 아는 능력, 인간관계를 잘 할 줄 아는 사회적 기술 능력으로 나누어 설명하고 있다.

첫째, 정서의 자각능력은 자신의 감정을 관찰하고 이를 살피는 능력으로 흔히 우리가 "이렇게 느껴서는 안돼", "기운을 내기 위해 생각을 바꿔야 해" 하는 생각은 자신의 감정을 먼저 살핀 후에 나타내는 판단적인 반응이다.

자신의 감정을 알아차린 후에 감정을 적절하게 바꿀 수 있는 능력이 바로 정서지능이다.

둘째, 정서의 관리능력은 자신의 정서를 적절하게 관리할 줄 아는 능력으로 "어떻게 하면 분노를 낮출 수 있을까? 이런 능력을 갖추고 있으면 정서를 잘 관리하는 정서지능이 높은 사람이라 할 수 있는 것이다.

셋째, 자신의 감정을 동기화 시킬 수 있는 능력은 목표에 충실하게 자신의 정서를 유도해 낼 수 있는 능력, 예컨대 욕구만족을 지연하거나 충동을 조절할 줄 아는 능력이다.

넷째, 타인의 정서를 정확히 인지하여 공감할 줄 아는 능력이다.

자신의 감정을 잘 표현하면 할수록 남의 감정도 잘 읽을 수 있으며, 다른 사람이 느끼고 있는 감정을 알아차리는 동감능력은 삶의 중요한 부분이다.

다섯째, 인간관계를 잘 할 줄 아는 사회적 기술 능력은 감정표현을 잘 조절함으로써, 다른 사람과 얼마나 인간관계를 잘 유지해 나가는가 하는 능력을 말한다.

이러한 사회적 기술은 매력을 끌게 하고, 활력을 주고, 영감을 주어 보다 관계를 돈독하게 해주며 설득력과 영향력을 키우며, 남을 편안하게 해 줄 수 있는 유용한 삶의 기술이다.

결론적으로 정서지능은 정서를 정확하게 지각하고, 평가하며, 표현하는 능력, 감정이 사고를 촉진시킬 때 감정에 접근하고, 그것을 생성하는 능력, 정서와 정서적 지식을 이해하는 능력과 정서와 지능을 증진시키기 위하여 정서를 조절하는 능력과 관련된다.

2. 역동적 체계론적 관점(dynamic systems perspective)

브론펜브레너는 환경은 사람들에게 일방적인 영향을 미치는 고정된 힘으로써가 아니라 끊임없이 변화해가는 것으로 환경의 역동성을 강조한다. 형제의 출생, 학교 입학, 이사, 부모의 이혼과 같은 인생에 중대한 사건은 아동과 환경 사이에 존재하는 관계를 변화시키며, 발달에 영향을 주는 새로운 조건을 만들어낸다. 형제의 출생은 가족 이외 다른 사람들과 많은 관계를 맺고 활동을 하는 학령기 아동보다 집에 주로 있는 걸음마기 유아에게 더욱 영향을 미친다.

이 관점을 주장하는 학자들은, 발달과정에서의 아동 행동을 연구함으로써, 어떻게 아동들이 새로운 수준의 조직을 획득하는 지를 정확하게 밝히려고 하였다(Theien & Corbetta, 2002). 예를 들면, 좋아하는 장난감을 제시할 때, 3개월 아동은 장난감을 잡으려고 어떤 동작을 하는지? 새로운 단어를 듣게된 2세 아동은 사물이나 사건의 범주를 어떻게 알아가는지?

역동적 체계론자들은 신체적, 사회적 환경에서 유전과 발달의 기본 원칙은 보편적이고 광범위한 발달을 이끌지만, 생물학적 특성이나 일상생활에서 겪게 되는 일과 주변의 인적, 물적 환경이 다양하기 때문에 어떤 특정한 발달에서 커다란 개인차를 가져온다고 주장한다(Berk, 2005).

3. 절충주의적 관점(eclectic perspective)

절충주의 이론 방향은 어떤 하나의 이론적 접근을 따르지 않고, 오히려 각각의 이론들이 무엇을 중시하든지 간에 각각의 이론에서 가장 좋은 특징들을 뽑는다. 이 장에서 설명되는 어떤 이론도 그 하나로만 아동발달의 복잡함을 전적으로 설명할 수 없다. 각각의 이론들은 발달에 대한 이해에 중요한 기여를 하지만, 어떠한 이론도 완벽한 묘사와 설명을 제공하지는 않는다. 정신분석학적 관점(프로이드, 에릭슨)은 성인발달에서 발생하는 변화와 아동의 부모가 직면하는 삶의 과업들에 대해서 잘 설명해 주고 있다. 유기체론적 관점(피아제, 비고츠키)은 인지발달을 가장 잘 설명한다. 기계론적 관점인 행동주의와 사회학습이론 그리고 생태체계론적 관점은 발달의 환경적 결정 요인에 대한 탐색에 가장 잘 적용된다. 동물행동학적 이론은 생물학의 역할과 발달에 있어서 민감기의 중요성을 인식하게 하였다. 따라서 교사와 부모 또는 성인들이 발달의 관점을 어디에 두느냐에 따라 교육방법 및 양육태도가 달라질 수 있다는 것이다. 비록 이론들이 도움이 되는 지침이 되기는 하지만, 한 이론만으로 발달을 설명하는 것은 잘못된 것이라고 인식하는 것이 중요하다.

제 3 부

아동발달연구

제7장

아동발달 연구방법

1. 비실험적 방법과 실험적 방법
2. 연구기관과 자료수집 방법
3. 아동발달 연구에 있어서 윤리적 문제

이론이 과학적이기 위해서는 궁극적으로 경험적 연구들에 의해 검증되어야 한다.경험적 연구의 결과들은 그 이론을 조정하는데 이용된다. 그리고 나아가서는 많은 연구를 자극하게 된다. 자연과학이나 사회과학 여러 분야의 연구자들은 서로 다른 연구 방법을 사용한다. 그러나 과학적 방법이라는 말은 어떤 분야이든지 간에 과학적 의문에 대한 공통적인 어떤 기초적 원리를 뜻한다. 발달주의자들이 이러한 원리를 고수할 때만이 인간의 행동을 제대로 설명하고 예측할 수 있는 훌륭한 결론을 내릴 수가 있다. 발달주의자들은 일상생활에서나 특별히 계획된 상황에서 인간을 관찰할 때 자료를 수집하기 위한 방법이나 설계로 비실험실과 실험실 연구방법을 다양하게 활용하고 있다.

1. 비실험적 방법과 실험적 방법

1) 비실험적 방법

비실험적 방법은 사례연구, 자연적 관찰, 임상적 연구, 면접, 상관관계 연구 등의 5가지 범주로 구분된다.

(1) 사례연구

사례연구는 하나의 실례 또는 개인의 생활에 대한 연구이다. 프로이드 이론에 대한 지지는 대개 사례연구로 되어있다. 즉 정신분석 과정에서 환자가 표출한 내용에 대한 프로이드와 그 동료들의 주의깊은 기록과 해석이 그것이다. 어떤 연구자들은 간행된 전기 자료들을 사례연구의 자료로 이용하기도 한다.

아동발달에 대한 초기 정보는 부모가 자기 자녀의 발달에서 나타난 변화를 기록한 일지나 유아 전기로부터 얻었었다. 최초의 유명한 유아 전기는 1601년에 시작되었는데 그 이후로 수많은 부모들이 그러한 기록을 보관하였다. 다윈은 자신의 아들에 대한 기록을 출판하였고, 피아제는 자기 자녀에 대한 관찰에 기초하여 아동이 어떻게 배우게 되는지에 대한 그의 이론을 발전시켰다.

유아 전기(baby biography)는 다른 방법으로는 할 수 없는, 개성을 전체적으로 파악할 수 있게 함으로써 유용하고 심오한 정보를 제공하고 있다. 그러나 유아 전기나 다른 사례연구들은 과학적인 관점에서 보면 몇 가지 결점을 지닌다. 이 방법들은 주로 행동을 기록할 뿐, 행동을 설명하지는 못한다. 그리고 만약 설명할 수 있다 하더라도 설명의 타당성을 검증할 방법이 없다. 또한 기록자가 한 개인의 발달의 어떤 측면만을 강조하고 다른 측면은 거의 다루지 않음으로써, '관찰자 편견'이 개입되는 문제가 있다. 더욱이 개개의 전기는 개인에 대한 많은 정보를 제공해 주지만, 그것을 어떻게 일반화 시키는가에 대한 의문을 남긴다.

(2) 자연관찰 연구

자연관찰에서는 연구자가 실제 생활환경에서 인간의 행동을 관찰하고 기록하며, 환경을 조작하거나 행동을 변경시키는 시도를 하지 않는다. 그러한 연구는 특정 행동의 발생에 대한 규범적인 정보를 제공하는데 쓰인다. 여러 가지 기술이나 행동, 성장이 나타나는 평균 연령이나 규범을 밝히기 위하여 연구자는 여러 단계에서 사람을 관찰하고 발달에 대한 정보를 기록한다. 자연적 관찰의 한 유형은 시간표집법(time sampling)인데, 이것은 일정한 시간동안 일정한 간격을 두고 특수한 행동유형(공격성, 옹알이, 울음 등)이 나타나는 것을 관찰하는데 이용되는 기술이다. 어떤 연구자는 아동과 부모가 상호작용하는 방식을 연구하는데 이러한 방법을 사용하고 있다. 그는 15개월 된 아동이 있는 40가정을 방문하여 전형적인 시간에 2시간에 걸친 관찰을 이틀 동안 실시하였다. 연구자는 부모에게 어떤 지시나 지도를 하지 않고, 다만 어떤 일이 진행되는지만 관찰하였다. 그는 부모에게서 관찰되는 15가지 행동과 아동에게서 관찰되는 8가지 행동의 체크리스트를 만들고 이 행동들의 출현여부를 15초 간격으로 기록하였다. 이러한 관찰로부터 연구자는 어머니와 아버지가 아동을 다루는 방법은 차이점보다 유사한 것이 더 많고, 부모들은 자기와 같은 성의 아기에게 더 관심을 보이며, 부모와 같이 있을 때 보다는 혼자 있을 때 부모들은 아동에게 더 관심을 보였고, 또한 아기들도 한쪽 부모와 있을 때 더 사교적이었다고 결론지었다(Belsky, 1979).

이와 같은 자연적 연구는 행동을 설명하려고 하거나 그 원인과 결과를 밝히려고 하지 않는다. 예를 들어 왜 부모들이 자신과 같은 성의 자녀와 같이 있기를 더 좋아하는지 또는 한쪽 부모와 있다는 것이 아동으로 하여금 더 사교적이 되게 하는 이유인지 아닌지는 설명하지 않는다. 자연적 연구에서는 관찰자가 있다는 사실이 관찰되는 행동에 영향을 줄 수 있다는 것도 깨달아야 한다. 이러한 문제들을 극복하기 위해서는 관찰자는 때로 일방경(oneway mirror)으로 관찰하거나 자연스럽게 그 환경에 섞이려고 노력하게 된다.

(3) 임상연구

임상연구 방법은 관찰과 융통성있고 개별적인 질문을 혼합하는 것이다. 이 방법은 피험자가 반드시 자연적인 상황에 있을 필요가 없고 연구자가 연구상황에 참여한다는 점에서 자연관찰 연구와 다르다.

피아제는 아동이 어떻게 생각하는가를 알아내기 위하여 이 방법을 발달시켰다. 그는 아동의 정신작용 방법에 대한 통찰력을 얻기 위해 연속적으로 질문을 함으로써 그의 질문에 대한 각 아동의 반응을 연구하였다. 이러한 기술을 통해 피아제는 전형적인 4세 아동은 동전 등을 쌓아 올렸을 때보다 한줄로 늘어놓았을 때 더 많다고 생각한다는 것을 발견하였다.

이러한 개방식 방법은 모든 피험자에게 되도록 검사상황을 비슷하게 조성하려는 임상연구 방법으로 개개인에게 적합한 검사상황을 만드는 것이다. 따라서 어느 누구도 동일한 방식으로 질문 받지는 않는다. 임상연구에서는 실험자가 특별히 관심있는 반응에 대해 더 물을 수도 있고, 아동이 알아들을 수 있는 특별한 언어를 사용할 수 있으며, 아동이 자발적으로 사용한 언어를 변경시킬 수도 있다.임상연구 방법의 주요한 결점은, 질문이 적절해야 하고 정확한 결론을 내릴 수 있는 면담자의 능력이 요구된다는 점이다. 임상연구 방법에 대하여 배타적인 연구자들의 검증에 의해 그 공헌도를 확인할 수 있다.

(4) 면접법

면접법에서는 피험자가 태도나 의견을 진술하거나 생활사에 관련된 내용을 질문받는다. 많은 사람들을 면접하므로써 연구자는 피험자들이 생각하고 행동하는 것이 어떤 것인지에 대해 광범위한 지식을 얻을 수 있다. 이 방법은 부모-자녀 관계나 성적 행동, 직업에 대한 목표의식, 일상생활 등에 사용되었다.

면접의 결점은 피험자의 기억에 의존하기 때문에 정확성에 문제점이 있다. 어떤 피험자들은 언제, 어디서, 어떤 사건이 일어났는지를 잊어버리거나 또는 면접자나 자신에게 더 유리한 쪽으로 응답을 왜곡하기도 한다.

(5) 상관관계 연구

상관관계 연구의 목적은 두 개 혹은 그 이상의 사건이나 특성 간의 관련성의 정도를 기술하는 것이다. 두 개의 사건이 밀접하게 관련될수록 우리는 한 가지 사건을 통해 다른 사건을 보다 효율적으로 예측할 수 있다(Whitley, 2002). 예를 들면, 연구자들이 자녀를 간섭하지 않고 방임적으로 양육하는 것과 아동의 자기 통제 결여 사이에 연관이 있다는 것을 밝혀 낸다면, 이는 방임적 양육태도가 아동의 자기 통제 결여의 한 가지 원인이 될 수도 있음을 설명해 준다.

하지만 상관관계와 인과관계가 동일한 의미를 뜻하는 것은 아니라는 점은 주의해야 한다. 따라서 앞서 언급한 상관관계는 방임적 양육태도가 반드시 아동의 자기통제 결여를 유발한다는 것을 의미하지는 않는다. 그런 의미가 될 수도 있고 한편으로는 자신을 통제하지 못하는 자녀 때문에 부모가 단순히 자포자기하여 더 이상의 노력을 그만두고 자녀를 통제하기를 포기했다는 것을 의미할 수도 있다. 또한 유전이나 빈곤과 같은 요인들이 방임적 양육태도와 아동의 자기통제 결여 사이에 상관관계를 초래했다는 것을 의미할 수도 있다.

상관계수는 통계학적 분석에 바탕을 둔 것으로 두 개의 변수 간의 연관성 정도를 나타낼 때 사용되는 수치이다. 상관계수의 범위는 -1.00부터 +1.00까지인데 음수는 반대관계를 의미한다. 예를 들면, 연구자들은 방임적 양육태도와 아동의 자기통제 사이에 음의 상관관계가 있음을 발견하며, 반면에 자녀에 대한 부모의 감시와 아동의 자기통제 사이에 양의 상관성이 있음을 발견하기도 한다. 상관계수가 클수록 두 개의 변수 간의 연관성은 더 강해진다. 상관계수 0은 변수들 간에 연관성이 없음을 의미한다.

2) 실험적 방법

실험은 여러 요인들이 주의깊게 조작되는 절차로, 다른 모든 요인들이 일정하게 유지되는 동안 연구의 대상인 행동에 영향을 줄 것으로 예상되는 하나 또는 다수의 요인을 조작하는 것이다. 만약 어떤 요인이 조작되는 동안 대상행위가 변화한다면 조작된 요인이 행위를 변화시켰다고 말할 수 있다. 즉 실험으로 인과관계를 증명한 것이다. 여기서 원인은 조작되었던 요인이고 결과는 조작으로 인해 변화된 행위이다. 기술연구법이나 상관연구법과 같은 비실험 연구법은 인과관계를 증명할 수 없다. 왜냐하면 그러한 연구법은 조작 가능한 요인들을 통제된 상태로 두지 않기 때문이다.

실험은 독립변인과 종속변인이라는 두 가지 형태의 가변적인 요소를 포함한다. 독립변인은 조작 가능하며 실험결과에 영향을 줄 수 있는 실험요소로 잠재적인 요인이 된다. 독립변인이라고 불리는 이유는 이것이 실험결과를 결정하는 다른 요소들과는 별도로 조작될 수 있기 때문이다. 연구자들은 독립변인을 고르는데 있어서 막대한 수의 선택권을 가지며, 하나의 실험은 보통 몇 개의 독립변인을 포함한다. 종속변인은 독립변인의 변화에 대응하여 변화할 수 있는 요소이다. 연구자들은 독립변인을 조작한 후 초래되는 결과를 알아보기 위해 종속변인을 검토한다.

실험은 하나 또는 그 이상의 실험집단과 통제집단을 포함할 수 있다. 실험집단은 경험이 조작되는 집단이다. 통제집단은 한 실험집단과 같은 조건을 가진 비교집단으로, 조작된 요인(독립변인)을 제외하고는 모든 요건에서 실험집단과 똑같이 취급된다. 통제집단은 조작된 상황의 결과가 비교될 수 있는 기준이 된다. 실험은 실험자가 한 변인이 다른 변인에 미치는 영향을 파악하기 위해 변인들을 조작하는 엄격히 통제된 과정이다. 과학적 실험은 다른 조사자가 그 실험을 반복하여 그 결과와 결론들을 검증할 수 있는 방법으로 연구되고 보고되어야 한다.

2. 연구기간과 자료수집 방법

발달심리학자는 연구기간(time span)에 각별한 관심을 갖는다(Miller, 2001). 아

동발달 연구는 연령과 다른 변인들 간의 관련성에 초점을 둔다. 첫째, 서로 다른 연령대의 아동들을 비교할 수 있다. 둘째, 같은 연령의 아동들을 시간의 흐름에 따라 비교할 수 있다. 셋째, 이러한 두 가지 방법을 혼합하여 사용할 수 있다. 연구기간에 따른 자료수집 방법에 대한 정보는 횡단적, 종단적, 연속적 접근방법이 있다.

1) 횡단적 접근법

횡단적 접근법은 서로 다른 연령대의 사람들을 동시에 비교할 수 있는 연구방법이다. 대표적인 횡단적 접근법에서는 연령이 각각 5세, 10세, 15세인 아동집단이 IQ와 기억력, 또래집단 관계, 부모에 대한 애정, 호르몬 분비의 변화 등과 같은 다양한 종속변인들에 대하여 비교될 수 있다. 이러한 모든 것들은 단시간에 해결될 수 있는 것으로, 어떤 연구에서는 하루 만에 자료가 수집되기도 한다. 심지어 연구대상자가 수백명인 대규모의 횡단적 접근법에서도 자료를 수집하는데 수 개월이 걸리지 않는다.

횡단적 접근법의 가장 큰 장점은 연구대상이 된 아동들이 성장하거나 나이가 드는 것을 연구자들이 기다릴 필요가 없다는 점이다. 그러나 이러한 시간적 효율성에도 불구하고 횡단적 접근법은 단점을 가지고 있는데, 이 방식은 각 개인들이 어떻게 변화했는지에 대한 정보나 지표의 안정성에 대한 정보를 제공해 주지는 못한다. 발달의 증가와 감소는 횡단적 접근법에서 정확하지 못할 수도 있다. 예를 들면, 자존감에 대한 횡단적 접근법에서 평균적인 증가와 감소는 밝혀질지 모른다. 그러나 각각의 아동들이 가지는 삶에 대한 만족도가 시간이 지남에 따라 어떻게 증가하고 감소하는지는 설명해 줄 수 없을 것이다. 또한 자존감이 높거나 또는 낮은 아동들이 성인이 되어서도 각각 높거나 또는 낮은 자존감을 계속해서 갖는지 여부에 대해서도 설명해 줄 수 없을 것이다.

횡단적 접근법에서는 여러 연령층의 아동들이 한꺼번에 측정된다. 이 연구방법은 종단적 접근법이 보여 주듯이 동일한 사람에 있어 연령에 따른 변화보다는 여러 연령 집단에 따른 행동의 차이를 설명해준다. 어떤 횡단적 접근법을 사용한 연구에서 6세 연령 집단의 인지능력 검사를 실시하였다. 중년의 피험자들이 가장 높은 점수를 받았고 어린 아동들과 노인들은 모든 집단 중에서 가장 낮은 점수를 받았다(Papalia, 1972). 그러나 이 연구결과로부터 이 중년 집단이 나이가 들게 되면, 원래 표본의 노인들처럼 인지점수가 낮아질 것이라는 결론을 내릴 수 없다. 노인세대는 교육을 덜 받았거나 그들의 수행능력에 영향을 미치는 다른 경험의 가능성이 있다. 시간의 경과에 따른 변화가 있는지의 여부를 알기 위한 유일한 방법은 종단적 접근법을 실시하는 것이다.

2) 종단적 접근법

종단적 접근법은 동일한 대상자를 보통 혹은 그 이상의 기간 동안 연구하는 방법이다. 예를 들면, 자존감에 관한 연구가 종단적으로 수행된다면 동일한 아동들을 5세, 10세, 15세의 연령에서 평가할 것이다.

종단적 접근법이 후기 발달에 있어서, 초기 경험의 중요성이나 발달과정의 안정과 변화와 같은 중요한 논점에 대한 가치있는 정보를 제공하기는 하지만 여전히 문제점들이 있다(Raudenbush, 2001). 비용이 많이 들고 연구기간이 장기간을 요구한다는 점이다. 연구가 오래 지속될수록 더 많은 참여자들이 탈락하게 되는데, 이사를 가거나 아프거나 흥미가 떨어지는 등의 이유 때문이다. 남아있는 참여자들은 탈락한 자들과는 여러 면에서 차이점을 가질 수도 있어서 연구의 결과를 편향되게 할 수 있다. 예를 들면, 수년에 걸친 종단적 연구에 잔존하는 사람들은 마지못해 연구에 임하는 태도를 보이거나 연구에 순응하는 경향을 보일 수도 있고, 또는 탈락자들보다 안정된 삶을 유지하였을 수도 있다.

중요한 것은 이론들이 종종 특정한 연구방법들과 연결된다는 점이다. 따라서 연구자들이 사용하는 연구방법들은 그들만의 특정한 이론적 접근법과 관련이 있게 된다.

종단적 접근법은 연령에 따른 발달적 변화를 보기 위해 연구자들이 일정기간동안 같은 대상을 여러번 측정 연구하는 것이다. 연구자는 어휘력, IQ, 키 또는 공격성 같은 구체적인 특징을 측정할 수 있다. 또는 여러 요인들 간의 상관관계를 평가하려는 관점에서 발달의 여러 측면을 이해하기도 한다. 이러한 연구방법은 어떤 특정 시기의 발달 상태보다는 발달의 과정을 알 수 있게 한다. 고전적인 종단적 접근법의 한 예는 터맨(Terman)이 시작한 천재아에 대한 연구이다. 연구자들은 학령기의 어린 아동집단을 성인 후기까지 추적 연구하여 일생동안의 발달에 관한 결론을 내리고 있다.

3) 종단적 접근법과 횡단적 접근법의 비교

횡단적 접근법이 집단의 차이를 보는 반면, 종단적 접근법들은 한 명 이상의 아동들에게 일어나는 변화를 측정한다. 각 연구방법은 몇 가지 단점들을 지닌다. 종단적 접근법의 단점은 표본에서의 편견이다. 즉 종단적 연구에 자원하는 사람들은 사회적, 경제적 지위나 지능이 평균 이상인 경우가 많다. 또한 장기간 동안 종단적 연구에 참여하고 있는 사람들은 도중에 그만둔 사람들보다 더욱 유능한 경향이 있다. 그리고 재검사의 영향을 받는다. 사람들은 단지 '연습의 효과' 때문에 나중에 치르는 검사에 더 나은 점수를 받는 경향이 있다. 횡단적 접근법 또한 단점을 갖고 있다. 이 방법은 각 연령층에 따라 평균치를 산출하기 때문에 개인 간의 차이는 알 수 없다. 가장 중요한 단점은 각기 다른 시대에 태어난 피험자들에게 미치는 세대의 효과를 배제할 수 없다는 것이다.

횡단적 접근법이 때로는 개인이나 집단의 발달적 변화에 대한 정보를 잘못

해석할 수 있다. 예를 들면, 파파리아(Papalia)의 연구결과와 같이 지적인 기능은 노년기에 점점 쇠퇴한다는 잘못된 결론을 내릴 수 있다.

실제로 종단적 자료는 연구에서 나타난 연령에 따른 변화 때문인지 판단하는데 필요하다.

4) 연속적 접근법

횡단적-연속적 접근법은 종단적 접근법과 횡단적 접근법의 결함을 극복하기 위해 고안된 연속적 연구법들 중의 하나이다. 즉 횡단적 표본에 있는 사람들을 한번 이상 측정한 후 여러 집단의 피험자들이 일정기간 동안 나타낸 차이를 판단하기 위해 그 결과를 분석한다. 성인기에서의 지적 기능에 대한 몇몇 중요한 연구는 연속적 접근법을 사용하고 있다. 이 방법은 노년기의 지적 기능의 하락을 과대평가하는 경향이 있는 횡단적 접근법과 탈락된 사람들이나 연습의 효과로 노년기의 지적 기능의 하락을 과소평가하는 경향이 있는 종단적 접근법보다 더 현실적인 평가를 제공해 준다.

3. 아동발달 연구에 있어서 윤리적 문제

아동발달 연구의 과학적 기초는 개인적인 연구자들의 편견의 영향력을 최소화하고, 결과의 목적을 명확히 하는 것을 도와준다. 여전히 몇 가지 미묘한 과제들이 완전히 해결되지 않은 채로 남아있다. 한 가지는 연구가 윤리적인 방법으로 수행되는 것이 보장되어야 한다는 것이다. 또다른 것은 연구자에게 강하게 심어진 개인적인 편견들을 인식하고 극복하도록 노력하자는 것이다.

윤리는 아동발달이라는 과학을 이해하는 데 중요한 부분이다. 심지어 이러한 과정을 넘어서서 아동발달에 대한 공식적인 경험이 없었다 하더라도, 이 분야에서 과학적인 연구를 발견하고 우리의 일상생활에 영향을 미치는 관련된 규율들을 발견하게 될 것이다. 한 가지 관련해서 정부, 학교 그리고 많은 다른 기관의 정책결정자들은 아동과 성인들을 돕기 위해 아동발달에 대한 연구의 결과를 사용한다.

피험자에게 해를 끼칠 수 있는 연구를 할 수 있는가? 피해의 위험보다 적고 값진 지식을 얻는 기회가 더 많다면 어떨까? 우리는 어떻게 한 개인에 대한 지적, 정서적, 신체적 피해와 인류에 대한 혜택의 가능성 간에 규형을 취할 수 있을까? 연구자들은 여러 가지 윤리적 문제들이 부딪치는데, 그 중에 다음의 원칙에 관련된 문제들이 있다.

1) 사생활의 권리(기밀성, 사생활 존중, 2002; Whitely, 2002)

어떤 환경에서는 미리 참여자에게 연구가 어떤 것인지에 대해 말하는 것이 실제적으로 참여자의 행동을 바꾸고 연구자료를 무효화시킨다. 그러나 속이게 되는 대부분의 경우 연구자들은 속이기가 참여자들에게 해를 입히지 않을 것이고, 연구가 끝난 후 가능한 한 빠른 시간에 참여자들에게 연구의 특징을 완벽하게 이야기할 것이라는 것을 보장한다.

심리학자들이 광범위하게 논쟁하고 있는 윤리적 쟁점이다(Holye & Judd). 인간은 관찰하기 위해 본인에게 알리지 않고 일방경이나 숨어서 카메라를 이용하는 것이 윤리적인지, 연구 대상자가 면접이나 질문에서 개인정보에 대한 비밀을 보장할 수 있을지 의문이다.

2) 동의의 권리(동의 구하기)

모든 참여자들이 충분히 나이를 먹었다면(적어도 7세 이상) 연구에 참여할 지에 대한 그들의 동의를 얻어야 한다. 만약 그들이 어리다면, 그들의 부모나 보호자의 동의를 얻어야 한다. 정보에 근거한 동의는 참여자들이 그들의 참여가 필요하고 어떠한 위험이 포함될 수도 있다는 것에 대해 이야기를 들었음을 의미한다. 예를 들면, 연구자들이 이혼한 가정에서 아동의 자기 존중감에 대한 갈등의 영향력을 연구하기를 원한다면, 어떤 경우에는 가족 경험의 토론이 가족관계를 향상시킬 수도 있고 어떤 경우에는 원치 않는 스트레스가 증가될 수도 있다는 것에 대해 참여자들에게 알려야 한다. 정보에 근거한 동의가 이루어진 이후에 참여자들은 언제든지 그만둘 권리를 가진다.

부모나 후견인이 아동의 참여에 동의했을 때, 우리는 그들이 아동을 위해 잘한 것이라고 생각할 수 있는가? 어떤 윤리적 위원회에 따르면, 7세 이상의 아동들에게는 직접 동의를 받아야 하고 그 연구가 실험적인 약을 복용할 때처럼 그 아동에게 직접적인 이익이 있다고 확신할 때에만 동의할 수 있다(national Commission for the Protection of Human Subjects of Biomedical and Behavioral Research, 1978). 마찬가지로 시설에 수용된 노인들에 대해 연구가 행해질 때도 우리는 노인들이 동의할 능력이 있으며, 이용되지 않는다고 확신할 필요가 있다. 태아에 대한 연구를 할 때는 어떤가? 많은 아기의 생명을 구할 수 있을지 모르는 어떤 가능성을 밝히는 것과 유산되는 태아의 '권리'를 우리는 어떻게 비교하는가?

3) 숨기지 않기(결과에 대한 알 권리, 보고)

연구가 끝난 이후에 그것의 목적과 사용된 방법들에 대해 참여자들에게 알려야 한다. 대부분의 경우, 실험가들 역시 자신들이 기대하는 방식대로 행동하도록 참여자들을 이끌지 않고 연구의 목적에 대해 일반적인 방법으로 미리 참여자들에게 알릴 수 있다. 연구에 대한 예비정보가 결과에 영향을 주기 쉬울 때는 적어도 연구가 끝난 후 참여자에게 실험에 대한 보고를 해 주어야 한다.

속이지 않고 할 수 없는 실험들은 우리에게 상당히 중요한 지식을 더해준다. 그러나 이러한 일은 그들이 참여하고 있는 일이 무엇이라는 것을 알 권리를 묵살하는 것이다. 그리고 만약 대상자가 그러한 실험에서 자신의 행동 때문에 고통을 받는다면 어떨까? 이 문제는 다음에 논의할 자부심의 권리와 관련된다.

4) 자부심의 권리

아동이 지닌 가능성의 한계를 결정하려는 연구는 미리 실패 요인을 만들어 둔다 . 조사자는 아동이 대답할 수 없을 때까지 문제를 계속 제시한다. 그에 따른 실패감은 아동의 자신감에 얼마나 심각한 영향을 미치는가? 다른 예로서, 중산층 아동이 빈곤층 아동의 자부심에 본의 아니게 해를 입힐 수 있다. 더욱이 그러한 연구는 자기 예언이 되어 교사의 기대나 아동의 수행능력에 영향을 미친다.

5) 윤리적 기준

1970년대로 이후로 윤리적 기준에 비추어 연구계획서를 검토해 보기 위한 정책위원회가 대학과 여러 연구기관에 설립되었다. 1982년 미국심리학 협회는 언제든지 원하면 피험자가 실험을 중단할 권리, 자존심 상실이나 피해로부터의 피험자 보호, 사생활과 비밀의 보장, 동의서, 가능하면 숨기지 않기, 연구 참여로 인한 장단기의 바람직하지 않은 영향을 수정할 연구자의 책임 등을 주제로 한 지침서를 채택하였다. 그럼에도 불구하고 때로는 어려운 판단이 요구되는 특수상황이 생긴다. 연구자들은 인간발달 분야의 모든 사람들에게 유익은 최대한으로, 피해는 최소한으로 하려는 책임을 받아들여야만 한다.

생명의 시작과 발달

제8장

태내기 발달

1. 태내기의 시작과 발달
2. 태내기 신경계의 발달
3. 태내기 발달을 위한 주요 환경
4. 출산 과정
5. 산후 기관

영유아기, 학령기, 청년기, 중년기, 노년기 등으로 구분되는 인간의 삶은 너무나도 자연스런 흐름 속에서 진행된다. 그러나 이러한 흐름 속에 또 다른 특징이 있다면 그것은 개별적으로 나타나는 상이한 발달의 과정이라 할 수 있다. 특히 이른 시기의 성장환경과 그 배경은 오늘날 그 중요성이 더욱 부각되고 있다. 조기교육에 대한 다양한 연구결과에 의하면, 이 시기는 태내기와 같은 출생 전의 시기를 포함하여 생후 2년까지를 말한다. 이 시기를 영어권에서는 'Infancy'로 표현하는데, 'Infancy'란 스페인어에서 유래된 것으로써 아직 '말 못하는 시기의 아이'를 뜻한다. 이는 이 시기의 아동발달과 교육에 있어 비언어적 교육환경의 중요성을 강조함과 동시에, 환경구성자인 우리에게 시사 하는 바가 매우 크다 할 것이다.

1. 태내기의 시작과 발달

인간 생명은 어떻게 시작되는가? 17세기까지의 많은 학자들은 완전하게 형성된 '작은 인간'이 이미 정자 혹은 난자 속에 들어 있으며, 후에 산모의 자궁을 통해 물리적인 성장을 갖게 된다고 생각하였다. 그러나 이러한 생각은 1770년대 말, 독일의 해부학자 카스퍼 프리드리히 볼프(Kasper Friedrich Wolf)에 의해 발견된 수정의 과정을 통해 그릇된 것으로 밝혀졌다. 즉 태아는 정자나 난자 속에 이미 형성되어 있는 것이 아니라, 정자와 난자 속의 작은 입자들이 연합하여 하나의 새 생명을 형성한다는 새로운 과정을 발견한 것이다. 이러한 과정을 우리는 '수정'(conception)이라고 명한다. 인간생명의 탄생은 바로 수정이라는 물리적 과정을 통해 이루어진다. 수정은 남성의 정자와 여성의 난자가 결합된 상태를 의미하며, 직경이 1/175인치 정도의 구형인 난자가 난자의 1/40에 불과한 정자와의 만남을 통해 이뤄진다. 바로 이 순간부터 출생까지의 시기를 태내기라 부르며, 자궁이라 명하는 모태 환경 안에서의 40주 동안 지속되는 태내기 발달을 통해 하나의 생명체로 완성된다.

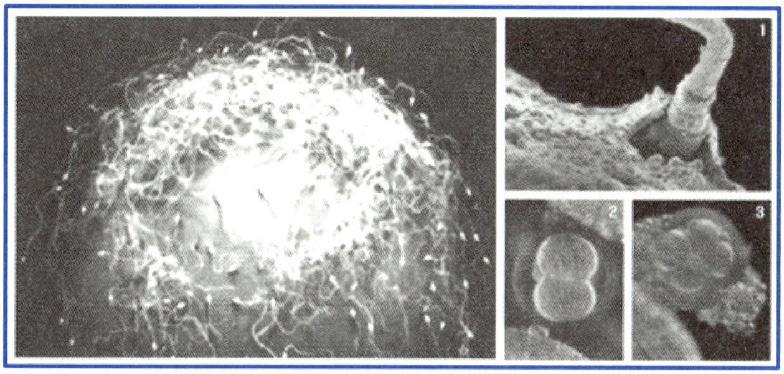

1. 수정
2. 2세포기의 수정란
3. 4세포기의 수정란

그림 8-1 수정 및 수정란

그러나 태내기가 단지 태아의 발달만을 위한 시간은 아니다. 통계자료에 의하면, 피임법의 발달에도 불구하고 전체 임신여성의 5%만이 계획임신을 하고 있으며, 응답자 중 절반 이상은 전혀 예상치 못한 임신을 했다고 답하였다. 이러한 상황은 많은 임산부로 하여금 임신과 출산에 대한 극심한 불안감을 갖게 하며, 또한 임신중절과 같은 극단적 결과를 선택하게까지 한다. 다른 한편으로는 임신 기간 중 겪게 되는 다양한 환경적 변화를 통해 불안했던 산모의 심경이 긍정적으로 변화되기도 한다. 예를 들면, 초음파 검진을 통해 발견하게 되는 태아의 모습은 산모로 하여금 미래의 자녀에 대한 자각을 갖게 하며, 약 임신 20주에 느끼게 되는 아이의 첫 태동은 하나의 생명체로써의 태아의 존재감을 느끼게 하고, 더불어 산모와 태아 간의 실질적인 교감이 이루어지는 계기를 제공한다. 이때부터 실제적인 엄마와 아기의 관계가 성립된다. 따라서 태아기는 태아뿐 아니라, 산모에게도 엄마로써의 정신적인 준비를 가능하게 하는 중요한 시간이라 할 수 있다.

태내에서의 발달은 수정에서 출생까지 만 9개월, 약 266일 동안 진행된다. 이 기간 동안 태아는 배종기(정착기), 배아기, 태아기의 시기를 거치며 완전한 인간 영아로 성장하게 된다. 태내에서의 세부적인 발달내용은 다음과 같이 크게 세 단계로 구분된다.

1) 배종기(germinal period)

배종기란 수정에서 임신 후 첫 2주까지의 시기를 말한다. 배종기 동안 유기체는 더욱 분화, 발달하며, 세부적으로는 수정란의 형성, 세포분열, 자궁벽 착상의 과정으로 진행된다. 수정된 난자는 세포분열[1]을 반복하며 나팔관을 따라 자궁으로 이동하는데 약 3-4일의 시간이 소요된다.

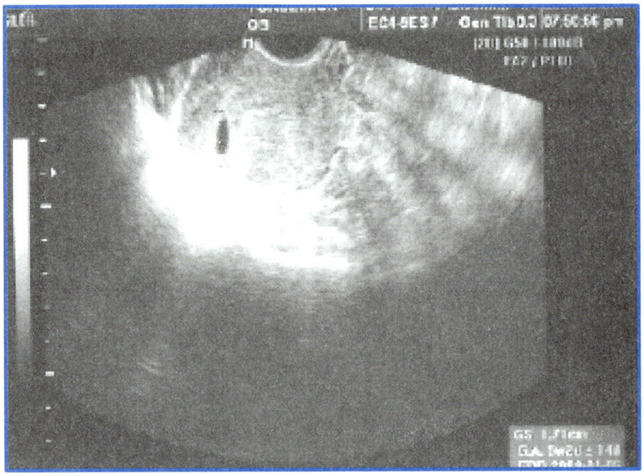

그림 8-2 임신 초기의 모습(초음파 사진)

1) 수정 후 72시간 후 접합체는 32개의 세포로 분화하며, 이로부터 24시간 후에는 70개로 분화하는 등 총 8000억 이상의 세포를 만들게 된다.

2) 배아기(embryonic period)

임신 후 2주에서 8주까지의 기간을 의미하며, 이 시기에는 수정란이 자궁벽에 착상하게 되고, 명칭 또한 수정란에서 배아로 바뀐다. 배아기에는 세포분화 속도가 증가하고 인지기관을 비롯한 주요 내부기관들이 발달하며, 세포 지원 체계가 형성되는 매우 중요한 시기로써 배아가 태내환경에 의해 가장 큰 영향을 받게 된다. 그러므로 출생 시 발생할 수 있는 결함의 결정적 원인들은 주로 배아기에서 많이 발견된다. 배아기에서 나타나는 주요 발달과정은 다음과 같다.

- 배아의 내배엽은 세포의 내층으로써 소화기관 및 호흡기관으로 발달하고,
- 중배엽은 세포의 중간층으로 순환계를 비롯한 골격, 근육, 배설계 및 생식기관으로,
- 외배엽은 신경계와 감각 수용기(귀, 코, 눈 등) 및 피부조직으로 발달된다.
- 임신 3주 말에는 배아의 심장이 뛰는 것을 발견할 수 있으며, 4주말에는 소화기관의 분화가 일어나고, 임신 2개월이 지나면 길이가 2.5cm, 무게는 14g으로 성장한다.
- 생명유지를 위한 주요 기관으로는 원반의 모양으로 조직된 생명유지체계인 태반을 비롯하여 태반과 아기를 연결해 주는 탯줄, 양수로 배아를 보호하는 양막 등이 있다.

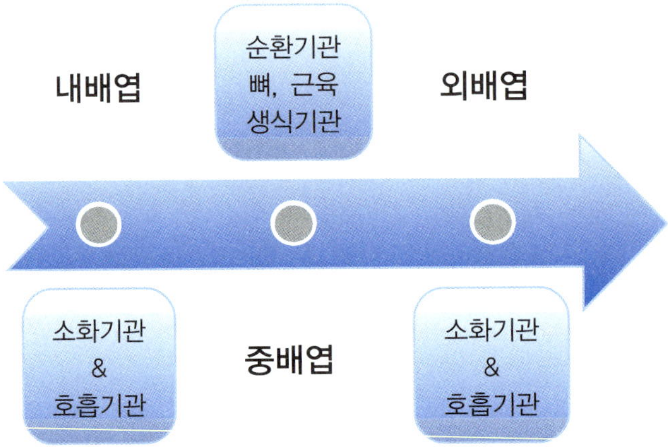

그림 8-3 배아기의 발달과정과 내용

> **태아의 생명유지체계**
>
> 생명유지체계는 태반, 탯줄, 양막으로 이루어져 있다. 태반(placenta)은 원반모양의 생명유지체계로 모태와 아기로부터 나온 작은 혈관들이 함께 섞여 있으나 연결되어 있지는 않다. 탯줄(umbilical cord)는 두 개의 동맥과 하나의 정맥으로 구성된 생명유지체계로서 아기를 태반에 연결시켜 주는 역할을 한다. 탯줄을 통해 산모의 혈관에서 나온 산소, 물, 영양분 등이 배아의 혈관으로 제공되며, 한편 배아의 혈관에서 나온 이산화탄소와 기타 찌꺼기 등이 이를 통해 배출된다. 양막(amnion)이란 맑은 액체가 가득 찬 주머니로서 이 안에 배아가 존재한다. 태반과 탯줄처럼 양막도 모태로부터가 아니라 수정란으로부터 형성되어 나오는 생명유지체계이다. 양수는 태아의 소변으로 구성되며, 그 양은 계속 늘어나 임신 12주에서 40주 사이에 10배 가까이 생성된다.

3) 태아기(fetal period)

태아기란 임신 2개월부터 출생까지의 시기이다. 흔히 수정이 시작되고 태어나기 전까지의 아이를 태아라고 부르고 있으나 학문적으로는 X-ray상에 뼈세포가 나타나는 이 시기부터 '태아'라고 일컫는다. 3개월부터는 남녀의 성별이 가능하고 움직이기 시작하는데, 산모는 이러한 태동을 16-20주에서야 인지할 수 있다. 신체적으로는 형태가 변화, 발전하여 5개월에는 출생 시 신장의 절반에(약 25cm) 이르게 되고, 몸무게는 400-450g이 된다. 23주 정도에는 잠도 자고 깨며 수면을 위해 편안한 자세를 취하며 눈을 깜박이고 엄지 손가락을 빠는 등의 신생아와 같은 행동을 하게 된다.

표 8-1 태내기 발달단계

연령	신장/무게	신체발달	행동발달
임신 4주	0.2cm 미만	- 척수, 신경계, 위장조직, 심장, 폐 등의 발달 - 양막낭이 신체의 예비조직을 감쌈	
임신 8주	1.4–2cm	- 눈, 귀, 입, 치아 순으로 기본적인 안면부 형상 형성 - 뇌 형성 - 초음파를 통해 심장박동 청취 가능	- 팔, 다리 움직임
임신 12주	6cm, 8–14g	- 팔, 다리, 손가락 움직임 - 지문 형성, 관찰 가능 - 성별 구분 가능 - 배변활동 중 소변을 시작	- 웃고 찡그리는 얼굴 표정
임신 16주	11.5cm, 80g	- 심장박동이 강화 - 얇고 투명한 피부조직 - 솜털이 신체 전부를 덮음 - 손톱, 발톱 형성	- 양수 내에서 구를 수 있음
임신 20주	14–16.2cm, 260g	- 청진기로 심장 박동 들림 - 머리카락, 속눈썹, 눈썹 보임	- 엄지손가락 빨기 - 딸국질

연령	신장/무게	신체발달	행동발달
임신 24주	21cm, 540g	- 쭈글쭈글한 피부가 태지에 덮여 있음 - 창자 안에 지꺼기가 쌓임 - 손을 꼭 쥘 수 있음	- 눈을 뜸
임신 28주	35cm, 1kg	- 지방함량 증가 - 기초적 호흡운동 시작	- 활동적인 움직임
임신 32주	42cm, 1.8kg	- 수면주기 형성 - 출생 자세 예측 가능 - 머리 근육이 부드럽고 연함 - 간에 철분 축적	- 소리에 반응하는 행동
임신 36-38주	46cm, 2.75kg	- 피부가 점차 깨끗해지고 태지가 두터워 짐 - 면역력 생성 - 활동이 무뎌짐	

여기서 잠깐

태교의 중요성에 대해 말하는 사람들은 태교가 엄마의 목소리와 행동이 태아의 뇌를 발달시킬 수 있다는 주장을 한다. 울고 있는 아기가 엄마의 품에 가면 울음을 멈춘다. 이유는 모태에서 들었던 엄마의 소리를 아기가 기억하고 있기 때문이다. 엄마의 가슴을 통하여 들리는 엄마의 심장박동 소리가 그리고 엄마의 다정한 목소리가 모태에서부터 지속적으로 들었던 친근하고 자연스런 소리이기 때문이다. 이러한 이유에서 '자장자장'하는 엄마의 목소리는 아기를 안정되게 만든다. 그리고 이러한 사실들이 청각(음악)태교를 비롯한 다양한 환경적 자극의 필요성을 강조하고 있다.

2. 태내기 신경계의 발달

최근 이루어진 신경생물학적 관점에서의 다양한 연구결과는 이 시기의 놀라운 신경물질의 생성 및 발달의 과정과 내용을 분명하게 설명하고 있다. 중추신경계의 발달은 이미 임신 첫 주부터 시작되는데, 태아기의 뇌를 포함한 신경계의 발달은 다음과 같은 발달의 과정을 통해 완성된다.

- 임신 3-5개월은 신경세포가 증가하고 세포 간 연결(Axone)이 활발해지는 시기로써 뇌 발달에 있어 가장 중요하면서도 위험할 수 있는 때이다.
- 출생을 앞 둔 몇 주에서부터 출생 후 3-4개월은 신경계 발달의 정도가 가장 활발한 단계로써, 신경세포의 수적 발달과 더불어 운동력이 증가하고, 신경과 신경을 연결하는 시냅스(synapse)의 형성이 매우 효과적인 시기이다.
- 시냅스란, 신경세포 간의 정보전달이 일어나는 부분으로써 신경말단(axone terminal)에서 시냅스를 통해 많은 신경세포가 연결된다. 모든 신경자극은 신경말단부분으로 이동하게 되며 이는 시냅스를 통해 필요한 기관으로 전달된다. 따라서 시냅스가 많다는 것은 그만큼 신경세포 간의 연결이 원활하며, 이를 통해 새로운 정보에 대한 더 나은 작업이 가능함을 의미하는 것이다.
- 태내기 동안 지속적으로 발달된 시냅스의 수는 출생 시 거의 어른 수준에 이르게 된다.

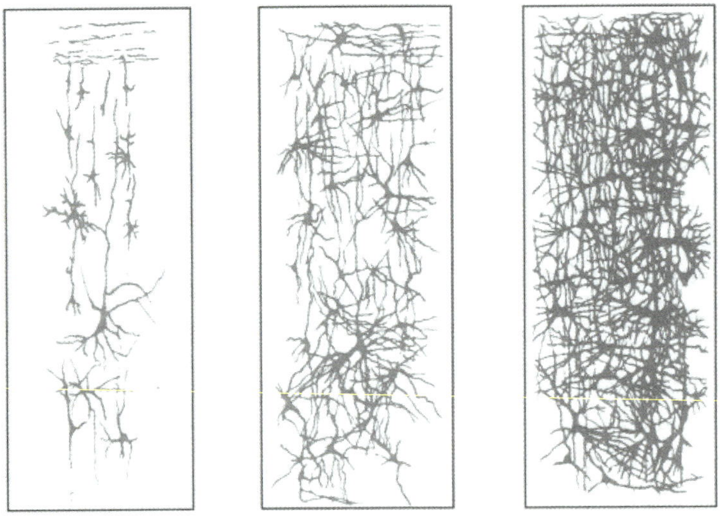

출생 직후　　출생 3개월　　출생 15개월

그림 8-4 시냅스의 형성과 발달

* 출처 : Myers, 2008

3. 태내기 발달을 위한 주요 환경

사람들은 인간의 성격과 기질 그리고 특징을 언급할 때 이미 출생 시부터 주어진 것이라고 흔히 생각한다. 이러한 이유에서 '우리 아이는 ~하다'고 평가하고, '아빠, 엄마가 OO해서~'라는 말을 많이 하게 된다. 그러나 최근 들어 인간의 이러한 발달과 형성에 다양한 환경적 요인들이 큰 영향을 미치고 있음이 밝혀졌다. 이러한 환경적 요인 중 가장 대표적인 것이 바로 태내환경이다. 자궁은 외부로부터 격리되어 있는 가장 안전한 장소라 할 수 있다. 대부분의 외부 자극은 모체를 경유하기 때문이다. 그럼에도 불구하고 다양한 환경적 요소들이 태아의 건강한 출생에 많은 영향을 미칠 수 있다. 특히 기본적인 신체의 기능과 형체가 형성되는 임신 후 첫 3개월은 각별한 주의가 요구된다. 다음은 태내기 발달에 영향을 줄 수 있는 주요 환경 요소이다.

1) 산모

다양한 연구결과(Burke, Beal, Kirk Wood & Stuart, 1943; Read, Habicht, Lechtig & Klein, 1973; Vuori, Christiansen, Clement, Mora, Wagner & Herrera, 1979; Brown, 1987)에 의하면, 아기는 산모가 건강할 때 잘 성장할 수 있다. 건강상 문제가 없고 영양섭취를 잘한 산모의 경우, 임신이나 출산 중 별 다른 문제가 없는 반면, 부적합한 식사 또는 영양적 문제가 있는 산모는 출산의 어려움뿐만 아니라, 조산아나 체중미달아 또는 사산아를 낳게 될 확률이 매우 높아지게 된다. 또한 산모가 가진 영양상의 문제는 태아의 두뇌발달에 부정적인 영향을 끼치게 된다. Winick과 Brasel, Rosso(1972)에 의하면, 영양 실조된 영아의 두뇌는 정상 영아가 가진 세포 수의 60%에도 못 미쳐 산모의 그릇된 영양섭취가 태아의 두뇌발달에 저해되는 부정적 요인임을 알 수 있다. 이러한 이유에서 파팔리아(Papalia)는 산모의 균형 잡힌 식사와 적당한 체중 조절, 규칙적인 운동, 금연과 금주를 장려하였고, 더불어 약의 무분별한 오남용과 무리한 일정 등을 경고하였다. 이와 더불어 현대 사회에서는 건강한 임신과 출산을 위해 일상에서의 스트레스를 줄이는 심신의 안정을 강조한다. 그 외 산모의 연령, 배우자의 조력 정도, 사회 · 경제적 안정도 등이 중요한 요인으로 작용한다.

2) 유전인자와 염색체 수의 이상

건강한 출산에 큰 영향을 미치는 중요한 인자로는 유전인자와 염색체를 들 수 있다. 유전인자는 생물의 형질을 결정하는 근본이 되는 것으로써, 크게 DNA(Deoxyribonucleic acid)와 RNA(Ribonucleic acid)로 구분된다. DNA는 유전인자를 구성하는 단위로 특정한 유전적 특성을 가진 전달자라 할 수 있다. DNA의 긴 모양은 유전부호를 운반하고 이 부호 속에 들어있는 다양한 정보들이 세포의 활동에 필요한 특별한 효소와 단백질의 생산을 조절한다. DNA는 스스로 복제되면서 형질을 유전시키는 특성을 갖고 있다.

DNA가 인간의 전체구조를 설명해 준다면, RNA는 그 구조가 어떻게 이루어졌는지에 대한 세부적 내용을 보여 준다. DAN와 마찬가지로 세포의 핵 속에 위치하는 RNA는 세포나 기관의 생성과 생명유지에 필요한 단백질의 합성을 주도한다.

건강한 생명의 탄생에 있어 간과할 수 없는 또 다른 요인은 염색체이다. 염색체의 수가 적거나 과잉인 경우, 대부분의 태아가 태내에서 사망하거나, 장애를 갖게 되기 때문이다. 대표적인 예가 클라인펠더증후군, 다운증후군 그리고 터너증후군이다. 연구결과에 의하면, 800명의 남아 중 한 명에게서 성염색체의 과잉으로 인해 X염색체가 한 개 더 있는 클라인펠더증후군이 발견되는데, 이는 노산인 경우 더 빈번하게 발생한다. 클라인펠더증후군의 남아는 고환이 작고 유방이 커지는 여성적 증상을 보이며 불임의 증세 또한 동반하고 이들 중 절반 이상은 정신지체를 수반한다. 성적인 구분이 명확하지 않기 때문에 생식능력이 없다.

흔히 몽고리즘이라고도 불리우는 다운증후군은 수정란의 분열 시 발생하는 21번째 염색체쌍의 이상이 주된 원인으로 작용한다. 이는 21번째 염색체쌍이 제대로 분열하지 못하고 한 개의 염색체가 덧붙여지는 경우이며 역시 40세 이상의 노산인 산모에게서 많이 나타난다. 연구에 의하면, 약 500-600명당 한 명꼴로 나타나며, 양미간이 넓고 평평하며 이마에 주름이 지고 혀를 내미는 특이한 신체형태를 갖고 있다. 또한 지능지수 역시 50-60 정도로 낮아 학습능력이 낮고 심한 경우 정신지체 현상도 동반된다.

터너증후군은 2500명당 한 명꼴로 발생하는 여아들의 증후군이다. 위의 경우와 달리 성염색체가 부족한 경우에 발생한다. 이로 인해 나타나는 터너증후군의 큰 특징은 신체의 성장이 더뎌 키가 작다는 것이다. 성적 성장 역시 부족하여 자궁과 나팔관이 없는 경우가 많다. 자능지수는 정상인과 비슷하나 공간지각 능력이나 조직력이 부족하기도 하다. 터너증후군의 가장 큰 문제점은 왜소한 자기외모와 자아에 대한 부정적인 생각들이 2차적인 정신장애로 발전할 수 있다는 것이다. 현재까지 알려진 터너증후군의 발생 원인으로는 임신 중 복용한 비타민을 비롯한 지나친 약물복용에 있다. 다음은 임신 중 주의해야 할 약물복용과 관련된 심신 박약아의 유형이다.

표 8-2 약물복용으로 인한 심신 박약아의 유형

	원인	시기	결과
질병	풍진	임신 1-2개월	사망, 심장병, 심장/눈/머리의 기형 유발, 발달지체, 농 또는 난청 유발
	이하선염(볼거리)	임신 3개월 내	사망, 심장기형
	매독	임신 5개월 후	유산, 사산 또는 조산유발, 머리기형
	당뇨병		조산, 척추 또는 골격계 이상
약물	스트렙토마이신 테트라사이클린 (항생물질)	임신 전 기간	농 또는 난청
	아스피린 (다량복용)	임신 8개월	유산, 성장지체
	니코틴	임신 전 기간	태아 심장박동 증가, 조산, 성장지체, 선천성 심장병 유발

	원인	시기	결과
	헤로인	임신 초기	신생아 중독
방사선	X 선	임신 초기	중추신경계 결함, 정신지체, 암 유발
	핵폭발에 의한 방사선 노출		백혈병, 백내장, 발달지체

3) 기형발생물질(teratogen)

tera는 그리스어로 '괴물'이란 뜻을 갖고 있다. 즉 기형을 유발할 수 있다는 의미로써 태내기 중에 위험을 일으키는 환경적 인자를 말한다. 기형발생물질에는 약물, 부적합 혈액형[2], 환경 오염 물질, 모체의 질병, 산모의 스트레스 및 고령화에 의한 문제들이 있으며, 이러한 요인들의 양, 노출 시기 및 태아의 유전적 취약성 등에 따라 건강한 출생의 여부가 결정된다. 현재는 안전하고 건강한 출산을 위해 모체의 혈액검사를 비롯하여 양수검사(amniocentesis : 수정 후 11주 이후), 융모검사(chorionic villus sampling : 수정 후 6-8주 이후), 초음파 검사(ultrasound : 일반적인 검사로써 양수검사와 융모검사의 필요성 여부를 결정) 등을 사전에 실시한다. [그림 8-5]는 발달시기와 환경 요소 간의 중요한 상관관계를 보여주고 있다.

2) 산모와 태아의 혈액형이 맞지 않는 경우(RH factor incompatibility)다. 예를 들어 어머니가 RH 음성이고 아버지가 RH 양성이면 아기는 아버지의 RH 양성 혈액형을 물려받을 확률이 높다. 왜냐하면 RH 양성이 우성이기 때문이다. 이때 아주 소량이라도 RH 양성 혈액이 태반을 통해 RH 음성인 모체의 혈류 안으로 유입되었을 경우, 모체는 바로 이질적인 외부 자극에 대한 항체를 생성하게 된다. 이것이 다시 태아의 체계로 들어가면 백혈구를 파괴하게 되며 이는 기관과 조직에 공급하는 산소의 양을 감소시켜 정신지체, 심장질환 또는 유산과 같은 문제를 야기한다.

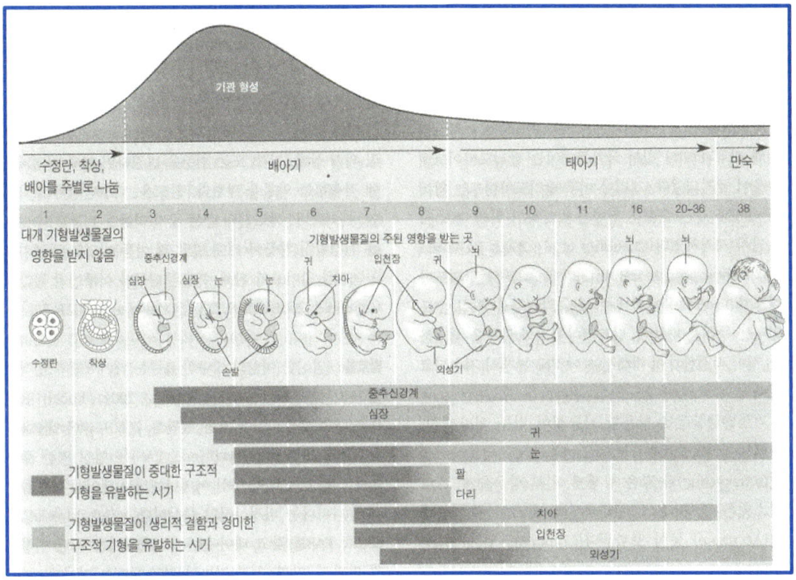

그림 8-5 기형발생물질이 태내 발달과정에 미치는 영향

* 출처 : Santrock, 2006.

4. 출산 과정

출산은 수정을 통해 약 266일 간 이루어진 모든 과정의 절정이라 할 수 있다. 출산 2-4주 전이 되면 태아는 스스로 출생의 준비를 하게 된다. 태아는 자궁 내에서 다리를 모으고 구부린 자세를 취하며 골반 쪽으로 이동한다. 따라서 산모는 아랫배가 나오고 위의 압박이 느슨해짐을 느끼게 된다. 이외에도 출산이 임박했음을 보여주는 징조로는 자궁의 규칙적인 수축운동에 의해 발생하는 진통의 시작, 자궁경부가 확대되며 나타나는 혈점이 있는 분비물인 이슬이 보이거나 또는 양수주머니가 파열되어 양수가 흘러나오는 현상 등이 있다.

분만은 다음과 같이 세 단계로 구분되어 나타난다.

- 제1단계는 진통기로써, 자궁 경부가 태아의 출생이 가능할 정도로 팽창, 확대(약 4인치)되는 시기이다. 초기의 진통은 일반적으로 15-20분 간격으로 나타나며, 이러한 주기의 진통은 점차 3-5분으로 빈번해진다. 자궁수축 또한 더욱 강해지므로 진통의 정도가 심해진다. 1단계의 최고조를 '전이'(transition)라 일컫는데 이때 수축의 힘은 절정에 이르고 자궁 경부가 완벽하게 열리게 되어 분만의 제2단계인 분만기에 접어들게 된다. 1단계인 진통기는 초산인 경우 12-24시간까지 진행될 수 있다.
- 제2단계는 분만기로 아기의 탄생이 이루어지는 시기이다. 2단계는 초산인 경우 대략 80분 정도가 소요된다. 산모는 지속적인 자궁 수축에 의해 복부 근육의 압박을 느끼게 되는데 이때 힘을 주어 태아가 산도로 나오는 것을 도와주어야 한다.
- 제3단계는 후산기로써 출산 후 아기를 보호해 줬던 태반과 탯줄이 자궁으로부터 박리되어 나오는 단계다. 일반적으로 태반박리는 분만 후 20분 후에 이루어지며, 이때 출산과 함께 멎었던 진통이 다시 시작된다. 이를 산후통이라고 한다.

위에서 설명된 일련의 분만과정은 영국 Grantly Dick-Read에 의해 개발된 '자연분만'과 프랑스 Ferdinand Lamaze에 의해 창시된 '준비된 분만'으로 진행하는 경우에 주로 나타나며, 이외에도 '제왕절개술'을 이용한 분만과 약물을 이용한 '무통분만', 그리고 신생아 중심의 '폭력 없는 분만' 등이 오늘 날 시행되고 있다.

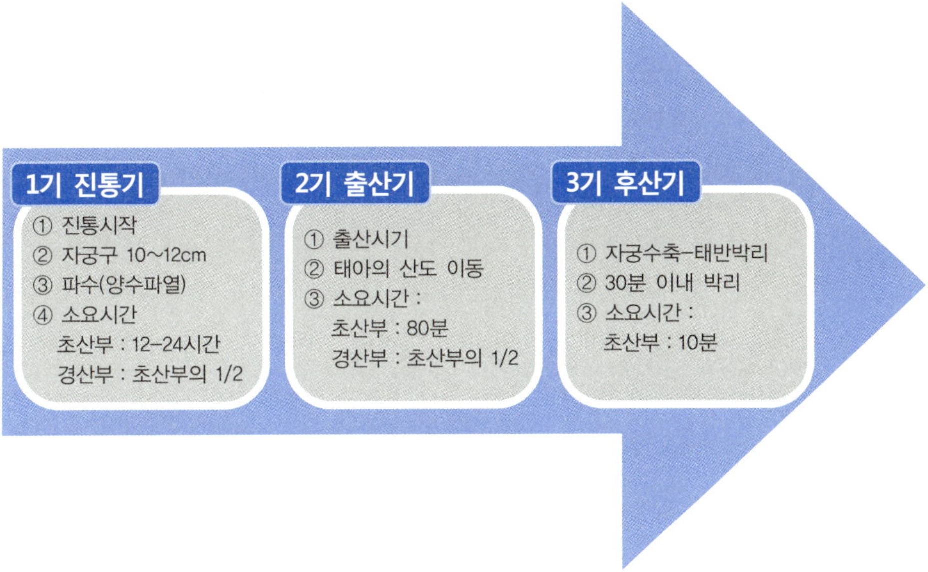

그림 8-6 출산의 단계

5. 산후 기간

산후 기간이란, 출산 이후의 시기로 산모가 신체적으로나 심리적으로 자녀 양육과정에 적응하는 기간을 말한다. 산후 기간에는 신체적으로 산모의 몸이 임신 전의 상태로 회복되며, 심리적으로는 새로운 환경에 적응, 안정을 찾아가는 과정이다. 신체적으로는 '퇴축'이 일어난다. 퇴축이란 출 산후 5-6주 동안 자궁이 임신 전 크기로 되돌아가는 것을 말한다. 아기를 돌보며 몸을 활동하는 것이 빠른 퇴축에 도움이 된다. 모유를 수유하지 않는 경우, 호르몬의 변화가 빠르게 일어나 출산 후 4-8주 이내에 생리를 다시 한다. 정서적인 변화로는 기복이 심한 감정의 변화를 들 수 있다. 산후 대부분의 산모들은 몸의 피곤함과 더불어 신생아 양육의 어려움 등으로 인해 상당한 스트레스를 받게 된다.

학자들에 의하면, 전체 산모의 70% 이상이 '산후 우울감'(baby blues)을 겪게 된다고 한다. 일반적으로 산후 우울감은 1-2주가 지나면 자연스럽게 사라지나, 그렇지 않은 경우 산후 우울증으로 발전하기도 한다. 이러한 산후 우울증을 예방하기 위해서는 사전에 부부가 많은 대화를 통해 좋은 부모가 되기 위한 준비를 하는 것이 필요하다. 또한 육아에 있어서도 서로가 적극적으로 참여하여 상대를 배려하는 자세가 요구된다. 이러한 노력과 자세가 아빠와 엄마 그리고 아기의 유대관계를 긴밀하고 긍정적으로 이끌 것이다.

제 9 장

신생아기 발달

1. 신체 발달

생후부터 첫 4주까지를 신생아기라 한다. 이 시기는 모체의 태내에서 보호받던 생활을 마감하고 하나의 독립체로 바뀌는 과도기적 시기이다. 따라서 출산 후의 새로운 환경에 적응하는 과정이 필수적이다.

현재 우리나라 신생아의 평균 몸무게는 남아의 경우 3.40kg, 여아는 3.24kg 이다. 몸무게는 출생 후 출생 시보다 5-10% 정도 줄어든다. 이는 몸 표면의 수분이 증발되고 배설되기 때문이다. 그러나 출생 시 신생아의 체중이 이에 못 미치는 경우(남아 약 2.5Kg 이하, 여아 2.4Kg 이하), 미성숙아라 하며 체중의 차이가 심한 경우에는 이로 인해 사산되는 경우도 발생한다. 신생아의 키는 남아가 51.4cm, 여아는 50.5cm가 평균적이다. 특이한 점은 신생아의 신체의 크기 중 머리 부분이 커서 신장의 1/4을 차지한다는 것이다. 또한 출생 시의 머리 모양은 모체의 산도를 통과하여 길쭉한 모양을 하고 있으며 일정시간이 지나면서 본래의 모습으로 돌아온다. 머리 둘레는 평균적으로 대략 33cm이다. 신생아의 골격은 부드럽고 연해서 출생 시 발생할 수 있는 많은 마찰을 줄여주는 역할을 한다. 신생아는 성인이 206개의 연골을 갖고 있는 것에 비해 더 많은 약 270개의 연골을 갖고 있다. 아기의 두개골 또한 아직 융합되어 있지 않아 변형이 쉬우며, 특히 정수리 한복판의 대천문과 소천문은 1-2년경과 후 닫히게 된다.

출생 전 태아의 호흡, 맥박, 체온조절, 영양 공급 및 배설 등의 모든 생존체계가 모체와의 관계 속에서 이루어진 반면, 출생 후의 신생아는 이 모든 기능(호흡 분당 30~60회, 맥박 분당 140회, 수면시간 1일 17~20시간)을 스스로 수행해야 한다. 이러한 환경 상의 변화는 신생아의 신체기관에 다음과 같은 변화와 발달을 요구한다.

표 9-1 출생 전과 출생 후 생존체계의 생리적 변화

생존 체계	출생 전 환경	출생 후 환경
물리적 생존 환경	모태 양수	공기
체온 조절	비교적 일정하게 유지	환경에 따라 변화
외부 자극	최소한의 자극	감각기관을 이용한 다양한 외부 자극의 수용
영양 공급	모체의 혈액에 의존	소화기관을 이용
산소 공급	태반을 통해 공급	폐를 이용한 호흡[1]
신진대사 및 배설	태반을 통해 배설	피부, 신장, 폐, 소화기관의 사용

* 출처 : Timiras, 1972

2. 운동능력의 발달

신생아기의 운동능력 중 가장 큰 특징은 외부자극에 대해 다양한 반사행동이 나타난다는 점이다. 신생아의 반사행동은 외부세계에 갑자기 노출된 신생아로 하여금 생존할 수 있게 하는 시기적 기제로 볼 수 있다. 즉 신생아는 반사운동을 통해 생존에 필요한 다양한 요구를 외부에 표방함과 동시에 외부 위험으로부터 스스로를 보호하는 역할을 수행하는 것이다. 이러한 초기 반사행동은 피질의 발달과 함께 자발적인 행동이 나타나게 되는 생후 1년이면 점차

1) 출생과 동시에 신생아는 울음을 통해 최초의 호흡을 시작하는데, 이는 허파벽에 있는 공기주머니를 팽창시켜 산소를 흡입하는 과정이다. 또한 신생아기에 하는 기침과 재채기는 기도에 있는 점액과 양수를 제거하고자 하는 호흡을 위한 반사적 행동이다.

적으로 사라지게 되며, 신생아의 신경발달을 평가하는 중요한 척도[2]가 된다. 신생아기에 나타나는 대표적인 반사운동은 다음과 같다.

- **근원반사**(rooting reflex) : 먹이에 대한 본능적인 탐지반사(searching reflex) 능력. 입 주위를 자극하면 자극되어진 방향으로 고개를 돌리는 반응이다.
- **빨기반사**(sucking reflex) : 입에 닿는 모든 것을 빨고자 하는 반응. 젖을 찾고자 하는 본능적 반사행동이다.
- **파악반사**(grasping reflex) : 손에 잡힌 물체를 꽉 쥐고 손을 펴지 않는 반응. 파악반사운동의 의미는 아직 명확하지 않다.
- **모로반사**(moro reflex) : 갑작스럽게 변화된 환경에 대한 신생아의 놀람반응이다. 신생아를 갑자기 내려놓았을 때 팔을 활처럼 휘며 뭔가를 잡으려는 행동이다.
- **바빈스키 반사**(Babinski reflex) : 발바닥에 간지러운 자극이 있을 때 발가락을 폈다가 오므리는 반응이다.
- **걷기반사**(walking reflex) : 신생아의 발이 바닥에 닿았을 때 발견되는 걸음걸이 반응이다.
- **경악반사** : 밝은 빛을 눈에 갑자기 비추거나 머리 위에서 손뼉을 칠 때 급하게 눈꺼풀을 덮는 자기보호적 반응. 영구적으로 나타나는 반사행동이다.
- **움추림 반사** : 발바닥을 핀 등으로 찌르면 발바닥을 폈다 오므렸다 하는 반응이다.

---

2) Brazelton 신생아 행동평가척도(Brazelton, 1973)는 크게 4가지 영역에서 행해지는데, 그 중 운동행동에 대한 평가 척도가 바로 신생아의 반사행동이다. 이는 신생아가 외부 환경에 반응하고 적응하는 양식을 측정하기 위한 신경 및 행동검사도구이다.

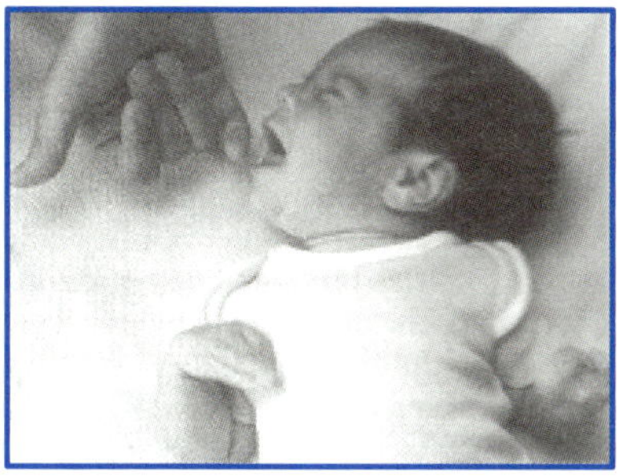

근원반사

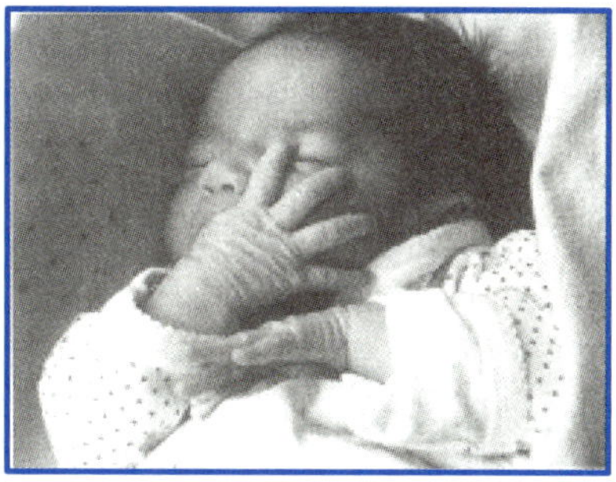

빨기반사

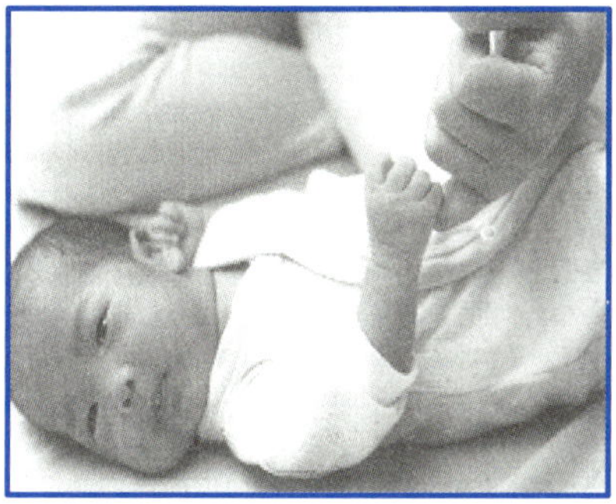

파악반사

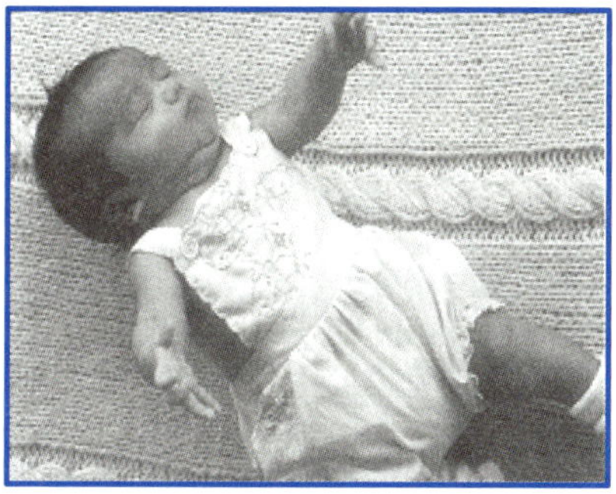

모로반사

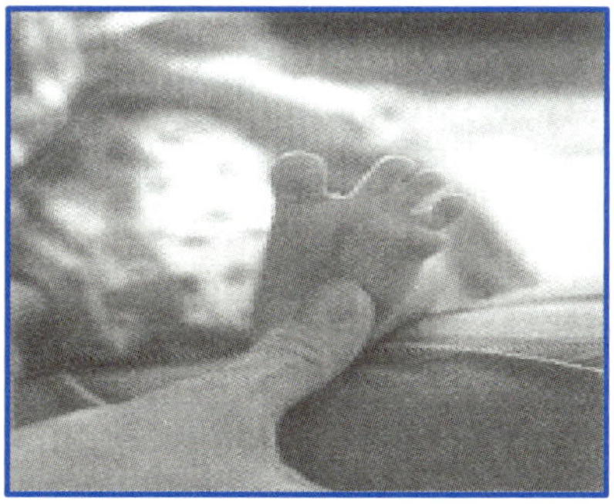

바빈스키반사

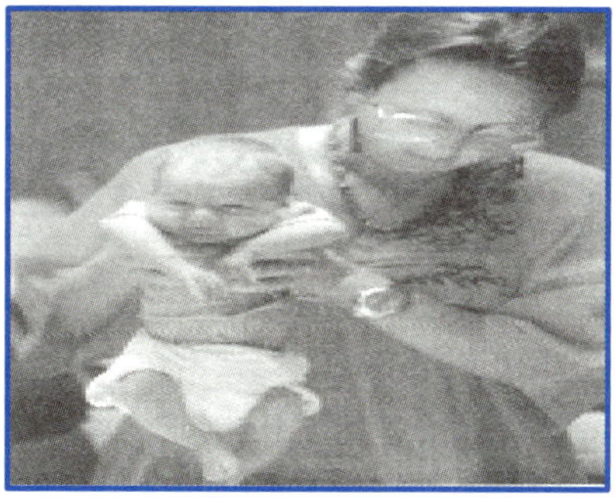

걷기반사

그림 9-1 신생아기의 반사행동 (정옥분, 2006)

신생아 운동발달의 배경

신생아의 운동발달은 항상 일반화된 단계와 과정 속에서 이뤄지는가? 그렇지 않다! Denver Developmental Screening Test를 동남아시아 아동들에게 실시했을 때(Miller, Onotera & Deinard, 1984) 실험대상 아이들은 3가지 행동에서 정상적인 발달표준에 미치지 못하였다. 그들은 (1) pat-a-cake 놀이(손뼉 마주치기)를 하지 못하였고, (2) 건포도를 잡지 못했으며 (3) 일반적인 발달기준과 달리 옷을 혼자 입지 못하였다. 이유는 그들의 성장환경 속에 pat-a-cake 놀이와 같은 자극이 없었고, 건포도는 만지면 안 되는 물건이라 훈육 받았으며, 이 지역의 부모들이 서구의 부모들에 비해 혼자 옷 입는 능력을 일찍이 기대하지 않았기 때문이다. 뿐만 아니라 이 검사도구 자체가 미국 아동들을 대상으로 고안되었기 때문에 다른 문화와 풍습 속에서 성장한 아동들에게 그대로 적용하기에는 무리가 있다고 할 수 있다. 이렇듯 인간의 성장과 발달이란 주어진 환경 및 배경에 의해 상이하게 나타날 수 있다. 유럽계 또는 아시아계 유아보다 아프리카계 유아의 활발한 대근육 운동이 일찍 발견되는 반면, 아시아계의 유아는 부모에게 더 온순하며 좀 더 가까이 있으려는 경향을 보이는 것도 이러한 이유에서이다. 결론적으로 운동발달에 있어서의 문화적 차이는 특정 문화와 환경을 통해 적어도 그 지역에서만큼은 하나의 유전적 기질로 정형화된 것이라 할 수 있다. 이러한 사실은 영유아기에 제공되는 보육 및 교육환경이 얼마나 중요한 지를 다시금 생각하게 한다.

3. 감각기관의 발달

신생아의 감각기능은 이후의 그것과 비교할 때 매우 수동적이라 할 수 있다. 왜냐하면 거의 대부분의 감각기능이 생리적 기능에 국한되어 있기 때문이다. 예외가 있다면 음식섭취와 같은 능동적인 활동이 외부 환경을 이해하는 감각수단의 하나로 이용된다는 정도이다. 다음은 신생아기 감각기관에 대한 설명이다.

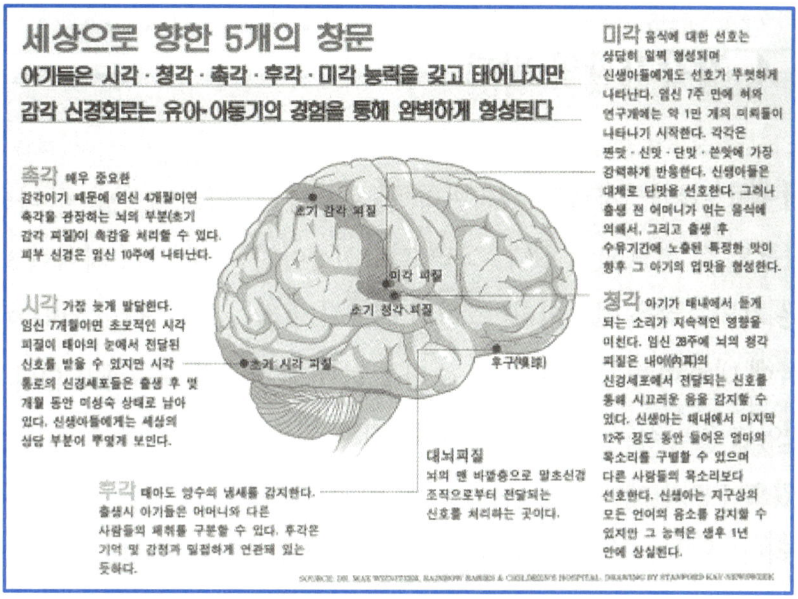

그림 9-2 아기의 5감각 (뉴스위크 한국판 특별호, 1999)

1) 청각기관

청각기관은 태내에서 물리적 · 기능적 완성이 거의 성인의 그것에 이를 만큼 성장이 매우 빠른 기관이다.

- 임신 7주경 이소골(耳小骨)이 생기고, 이후 빠른 성장을 통해 임신 24주 경 완성된다. 따라서 태아는 출생 4개월 전부터 태내에서의 많은 내 · 외부적 청각자극들을 경험할 수 있다.
- 신생아의 청각기능에 대한 연구 중 특이한 점은 이들이 외국어보다는 모국어에 대해 더 익숙한 반응을 보인다는 것이다. 또한 부모의 익숙한 목소리에 더 쉽게 반응한다는 사실이다.

• 그러나 이와 달리 브로디(Brody, 1984)의 연구는 '습관화'(habituation)[3] 과정에 의해 익숙하게 형성된 청각자극은 신생아의 관심과 반응을 약화시키는 한편, 새로운 자극은 더 큰 관심을 불러일으킨다는 연구결과를 발표하였다.

• 언급한 두 연구결과가 상반되는 신생아의 반응을 보이고 있지만 여기에서 중요한 것은 이들이 이미 청각적 자극에 대해 매우 익숙하게 반응한다는 사실이다. 이러한 태아기에 형성된 청각기관의 기능은 출생 이후부터 더욱 심화되는 발달의 과정을 겪게 된다.

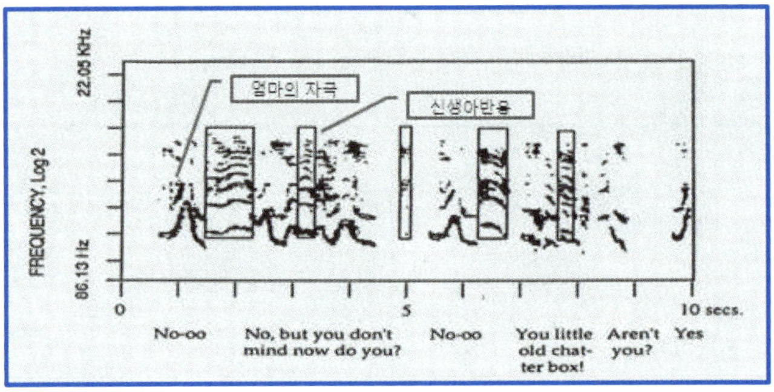

그림 9-3 엄마의 청각적 자극에 대한 12주된 신생아의 반응분석

* 출처 : Gruhn, 2003

2) 촉각기관

• 촉각 기관은 다른 감각기관 중 비교적 이른 시기에 발달하는 기관이다.

• 신생아에게서 발견되는 근원반사와 빨기반사는 신생아의 촉각능력을 보여주는 좋은 예라 할 수 있다.

3) 습관화란 특정 자극에 익숙해졌을 때, 더 이상 그것에 반응하지 않는 단순한 학습과정을 뜻한다.

- 더 놀라운 것은 이러한 반사행동이 임신 2개월 된 태아에게서도 나타난다는 것이다. 예를 들어 태중에서 경험한 어머니의 심장박동의 느낌은 이후 모유수유를 통한 어머니와의 접촉에서 매우 긍정적인 반응을 하게 하는 중요한 이유가 된다.
- 이런 의미에서 신생아의 긍정적인 반응을 목적하는 피부접촉의 기회는 매우 중요하다고 할 수 있다.

3) 시각기관

- 다른 기관과 달리 신생아의 시각기관은 생후 많은 발전과 성장을 요구하는 태내 성장이 더딘 기관이다.
- 신생아는 망막구조도 불완전하고 눈의 신경도 덜 발달된 상태에서 태어난다. 단지 밝은 빛에 대해 반응하고 빛의 움직임이나 대상의 움직임에 따라 응시할 수 있을 뿐이다(그림 9-4).

신생아의 시각 성인의 시각

그림 9-4 신생아의 시각기관

* 출처 : Berk, 2005

- 부모를 응시할 때도 부모 얼굴의 세부적인 부분을 다 관찰하는 것이 아니라, 다만 얼굴 윤곽만을 통해 구분한다. 더욱이 생후 2개월이 지나도록 아이는 25-30cm 내의 것만을 시각적으로 인지할 수 있다.
- 색에 대한 감지능력이 부족하여 붉은 색과 초록색에 대한 인지는 생후 약 2개월, 푸른 색에 대한 전반적인 인지는 3개월 정도에 가능하며, 4개월이 지나야 성인처럼 붉은 색과 푸른 색에 대해 선호하는 반응을 보이게 된다.
- 특이한 점은 신생아의 이러한 시각기능이 청각기능과 협응할 수 있다는 사실이다. 예를 들어 소리가 나지 않는 상이한 두 영상물을 아이 앞에 틀어주었을 때, 우리는 아이에게서 특별한 선호현상을 발견하지 못했다. 그러나 두 영상물 사이에 한 영상과 일치하는 소리를 들려주면, 아이는 그 소리와 일치하는 영상물에 관심을 갖게 된다(Spelke, 1979). 이는 신생아가 시각적 현상과 청각적 현상에 대한 협응능력이 있음을 보여주는 좋은 예라 할 수 있다.

4) 미각기관

- 신생아는 서로 다른 맛을 구별하는 능력을 갖고 태어난다.
- 특히 이 시기에는 단맛을 선호하고 신맛 또는 쓴맛은 삼키지 않는 경향을 보인다. 이러한 구별능력은 출생 후 시간이 지나면서 더욱 다양하게 세분화되어 발전한다.

5) 후각기관

- 후각기관은 생후 다양한 환경과 접하게 되는 며칠 동안 더욱 민감해진다.

- 실험결과에 의하면, 이제 막 태어난 신생아는 좋아하는 냄새와 싫어하는 냄새를 분별하여 표현하고(Rieser, Yonas & Wilkner, 1976), 엄마의 모유 뿐 아니라, 엄마와 다른 여성의 물건에 대해서도 후각적으로 구별할 수 있으며(Macfarlane, 1975), 결과적으로 엄마의 것을 더 선호하여 더 편안한 반응을 보인다.
- 그러나 인간의 후각기관의 발달은 다른 동물의 그것에 비해 매우 약한 편이다.

여기서 잠깐

1. 시각발달에 좋은 놀이는?

다양한 종류의 공 굴리기 : 색, 크기, 형태 등을 달리하여 공이 구르는 짧은 시간에 공의 종류를 구분하는 놀이. 처음에는 공 하나로 시작하여 점차적으로 늘려가는 것이 중요하다. 공뿐만 아니라 자동차와 같은 다양한 장남감을 이용할 수 있다. 집중력의 향상 또한 기대되는 놀이이다.

2. 청각발달에 좋은 놀이는?

높낮이 소리에 따라 풍선치기 : 방 천정에 다양한 높이의 풍선 / 다양한 크기의 풍선 / 다양한 색상의 풍선을 매달고, 종소리의 높낮이에 따라 / 소리의 크고 작음에 따라 / 음색의 정도에 따라 아이들이 풍선을 두드리거나 치면서 자신의 느낌을 표현하는 놀이

3. 촉각발달에 좋은 놀이는?

밀가루 또는 종이 찢어 반죽하기 / 찰흙 놀이 / 모래 속 물건 찾기 등을 통해 다양한 대상에 대한 느낌을 경험하고 표현하는 놀이

4. 미각발달에 좋은 놀이는?

빨대놀이 : 빨대를 이용하여 다양한 액체류를 맛보게 하고 이를 비교하게 하는 놀이. 이 놀이는 영아의 빨대사용을 자연스럽게 유도하여 호흡에 대한 이해를 놀이경험 속에서 가능하게 한다.

5. 후각발달에 좋은 놀이는?

냄새와 숨바꼭질 : 특정 공간 안에서 후각 기능만을 통해 물건 맞추기 또는 물건 찾기

제 10 장

영아기 발달

1. 신체의 발달
2. 운동능력의 발달
3. 생리적 기능의 발달
4. 인지발달
5. 언어발달
6. 정서 및 사회성 발달

1. 신체의 발달

영아기란 신생아기 이후부터 대략 만 2세까지의 시기를 말한다. 신체발달의 결정적 시기라 할 수 있는 영아기는 신생아의 변화가 가장 뚜렷한 때이다. 일반적으로 영아의 평균 신장은 1년 내 약 50% 정도 증가한다. 따라서 생후 1년이면 약 76-77cm로 성장하고, 생후 2년이 되면 성인 키의 절반에 이르게 된다. 체중 또한 늘어나 생후 1년 후 몸무게는 출생 시보다 약 3배, 2년차에는 성인의 1/5-1/6에 도달한다.

표 10-1 한국 소아발육 표준치

나이	남				여			
	체중 (kg)	신장 (cm)	두위 (cm)	흉위 (cm)	체중 (kg)	신장 (cm)	두위 (cm)	흉위 (cm)
출생시	3.40	50.8	34.6	33.4	3.30	50.1	34.1	33.1
1(1~2개월)	4.56	55.2	37.3	36.7	4.36	54.2	36.6	36.1
2(2~3개월)	5.82	59.0	39.2	39.7	5.49	58.0	38.5	38.9
3(3~4개월)	6.81	62.5	40.7	41.7	6.32	61.1	39.9	40.6
4(4~5개월)	7.56	65.2	41.9	42.7	7.09	63.8	41.0	41.7
5(5~6개월)	7.93	66.8	42.8	43.4	7.51	65.7	41.9	42.5
6(6~7개월)	8.52	69.0	43.7	44.1	7.95	67.5	42.6	43.1
7(7~8개월)	8.74	70.4	44.1	44.7	8.25	69.1	43.2	43.7
8(7~8개월)	9.03	71.9	44.7	45.3	8.48	70.5	43.8	44.3
9(8~9개월)	9.42	73.5	45.2	45.9	8.85	72.2	44.4	44.8
10(9~10개월)	9.68	74.6	45.7	46.4	9.24	73.5	44.7	45.4
11(10~11개월)	9.77	76.5	46.1	47.0	9.28	75.6	45.4	45.9

나이	남				여			
	체중 (kg)	신장 (cm)	두위 (cm)	흉위 (cm)	체중 (kg)	신장 (cm)	두위 (cm)	흉위 (cm)
12(11~12개월)	10.42	77.8	46.4	47.4	10.01	76.9	45.6	46.6
15(15~18개월)	11.00	80.1	47.1	48.0	10.52	79.2	46.2	47.2
18(18~21개월)	11.72	82.6	47.7	48.7	11.23	81.8	46.8	47.9
21(21~24개월)	12.30	85.1	47.9	49.4	12.03	84.4	47.2	48.6

* 출처 : 2007 대한소아과학회

태아 및 신생아의 주요 발달지표 중의 하나인 머리둘레와 가슴둘레의 경우, 생후 6개월쯤이면 출생 시 작았던 가슴둘레가 머리둘레 크기에 가까워지며, 생후 1년이 지나면서 역전되기 시작한다. 머리의 크기와 신체길이의 비율 또한 출생 시 1 : 4의 비율이 1년 후 1 : 5로 변화하여 전체적인 신체의 균형을 찾아가게 된다.

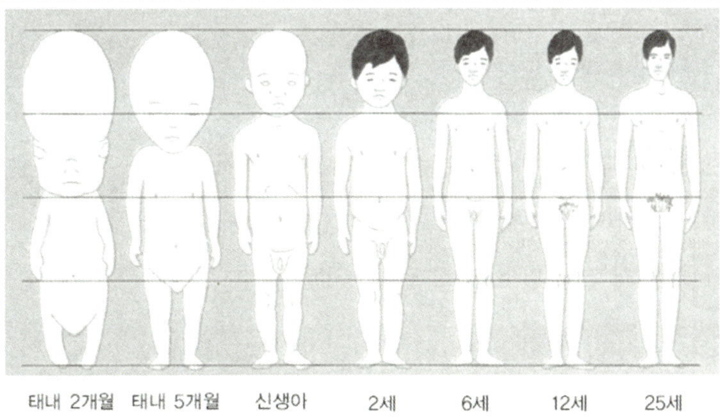

그림 10-1 신생아 및 성인의 신체비율 비교

* 출처 : Lefrancois, 1987

2. 운동능력의 발달

다음은 영아기 운동능력발달에 대한 시기별 주요 내용이다.

- 출생 후부터 1년 동안 아기들은 매우 중요한 운동기능(앉기, 척추회전을 이용하여 몸 돌리기, 기어가기, 잡고 서기, 혼자 서기, 물건 잡기 등)을 발전시켜 나간다.
- 출생 1개월부터 아기는 누워만 있지 않고 턱을 들어 횡적인 시선을 발전시킨다.
- 출생 2개월에는 가슴을 들고자 시도하며 더 나은 공간적 인자가 가능하게 된다.
- 3개월된 아기는 특정 물체에 대해 손을 뻗어 반응한다. 그러나 아직 잡기능력[1])은 발견되지 않는다.
- 4개월경부터 아기는 혼자 목을 가눌 수 있게 되며 어른의 도움을 받아 앉을 수도 있다.
- 5-6개월에는 물체를 잡을 수 있으며 움직이는 물체를 잡으려고 손을 뻗는다. 아직 엄지 손가락을 이용하지는 못한다.
- 7-8개월부터 아기는 혼자 앉기 시작하며, 도움을 받아 서기도 한다. 이때부터 물체를 잡을 때 엄지 손가락을 사용한다.
- 9-11개월에는 물건 또는 벽을 이용하여 혼자 서기도 하며 손을 잡아주면 걷기도 한다.
- 13-15개월에는 계단을 기어오르기 시작하며 혼자서 서고 걷는다.

---

1) 이 시기 아기들이 보여주는 잡기능력은 아기의 발달상태를 보여주는 매우 중요한 지표로 간주된다. 예를 들면 아기의 운동능력의 발달 상태, 인지발달 및 표현 능력의 정도, 문제해결을 위한 목적적인 행동의 정도 등이 이에 해당된다.

- 16개월 이상의 아기는 손잡이를 잡고 계단을 오르내리며 옆으로 또는 뒤로 걸을 수 있다. 24개월경에는 달리기 동작이 가능하다.

표 10-2 연령별 조작능력의 발달

연령	조작능력
1개월	고리를 잡을 수 있다.
2개월	누워서 팔을 뒤로 올려 들 수 있다.
3-4개월	주먹을 쥐었다 폈다를 할 수 있다. 대상을 향해 팔을 뻗는다.
4-5개월	물건을 대략적으로 잡을 수 있다.
6-7개월	물건을 쥐고 손목을 돌릴 수 있다.
7-8개월	손가락의 움직임이 발견된다.
10-12개월	손가락을 사용하여 대상을 잡는다.
24-30개월	손가락을 자연스럽게 사용한다.

그러나 여기에서 중요한 것은 이미 언급한 바와 같이 운동발달의 순서가 모든 영아에게 일정하게 나타나기는 하나, 운동능력의 진보율만큼은 개인차가 엄연히 존재한다는 사실이다. 다시 말하면 개개인의 특성과 환경 및 배경적 조건에 따라 각각의 고유한 발달과정을 갖게 되며, 특정한 발달의 순서와 원리에 따라 개별적으로 진행되는 것이다. 주요 원리는 다음과 같다.

1) 상부에서 하부로의 발달(두미발달의 경향 : cephalocaudal trend)

이 시기의 발달은 머리에서부터 시작된다. 성장기 상의 신체비율의 변화를 살펴보면 2개월 된 태아의 머리 크기는 전체 몸 길이의 절반을 차지하며, 신생아의 경우 약 1/4크기로, 2세경 1/5 등으로 크기의 변화가 일어난다. 또한 기능면에 있어서도 머리 움직임의 통제가 팔 또는 몸의 움직임 이전에 나타나고, 팔과 몸의 통제는 다리기능의 분화 이전에 발견된다. 즉 이 시기의 성장은 머리에서부터 시작하여 점차적으로 신체하부로 이동하며 진행된다.

머리 → 목 → 어깨 → 팔 → 복부 → 다리 → 발

그림 10-2 신체발달의 원리 : 위에서 아래로

2) 중심에서 말초로의 발달(근원발달의 경향 : proximodistal trend)

발달은 신체 중심에서부터 시작하여 밖으로 진행된다. 따라서 아기의 머리와 몸, 또는 팔은 손이나 발보다 먼저 기능하게 되며, 팔과 다리의 발달 이후에 손가락과 발가락의 세부적인 발달이 가능하다. 아기들에게서 발견되는 대근육 운동(물체를 전체 팔을 이용해서 잡기)에서 소근육 운동(손가락을 이용하여 잡기)으로의 발달 과정과 양손 사용에서 한손 사용으로의 변화 역시 같은 맥락에서 이해할 수 있다.

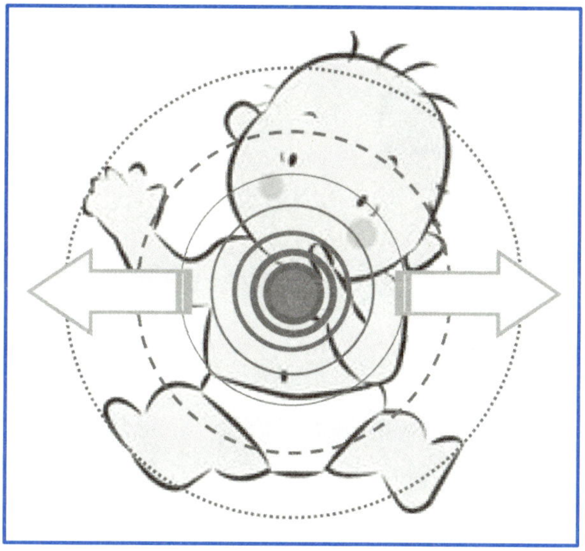

그림 10-3 신체발달의 원칙2 : 안에서 밖으로

3) 단순함에서 복잡함으로의 발달

세 번째 원리는 근원발달경향의 또 다른 유형으로써, 신체발달뿐만 아니라 인지발달의 과정에도 적용되는 매우 중요한 법칙이다. 예를 들면 분화와 통합의 과정이 대표적이다. 분화란 영아의 신체활동능력이 전체적이었다가 점차 특수영역으로 구분되어 섬세하게 발전하는 것을 뜻하며, 통합이란 이러한 분화 발전된 영역이 통합적으로 동시에 이용되는 것을 말한다. 공을 발로 차는 행동은 시각적 정보와 함께 인체공학적 정보가 통합되어 두 기관의 기능이 협응되어야만 가능하다. 또한 인지의 과정에서 일어나는 행동들, 즉 물체를 발견하고, 잡고, 입으로 가져가고 하는 일련의 과정들은 이미 분화 · 발달된 기관 간의 협응에 의해 이뤄진다. 이러한 과정이 신체발달의 세 번째 원칙이다.

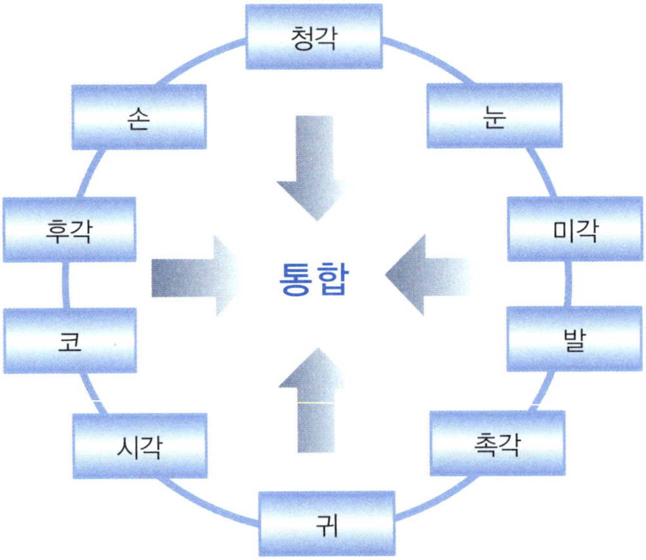

그림 10-4 신체발달의 원칙3 : 분화와 통합

대 · 소변을 가리기 위한 전제조건

우리는 흔히 많은 부모들이 '우리의 아이는 벌써 소변을 가린다' 또는 '대변을 가릴 수 있다'고 자랑하는 것을 볼 수 있다. 또 어떤 부모들은 '우리 아이는 아직도 대소변을 못 가린다'며 걱정하기도 한다. 그러나 영아의 자발적인 배변활동이 가능하기 위해서는 다음과 같은 세부 발달이 전제되어야만 한다. 걸음마 단계의 영아는 아직 가득 찬 방광이나 직장으로부터의 신호를 일관성 있게 확인하지 못한다. 뿐만 아니라 이들 근육에 대한 조절능력이 부족하여, 배변이 허용되는 장소를 찾을 때까지 참고 기다리지 못한다. 그러나 이러한 실수를 통한 자연스런 생리적 훈련은 영아가 점차적으로 자신의 생리적 반응에 대해 신체적으로 협응할 수 있는 계기를 제공하게 된다. 평소 영아는 기저귀가 마른 상태의 쾌적한 느낌에서 배뇨작용이나 장 운동에 의해 나타나는 젖은 기저귀에 대한 불쾌감을 경험하게 되고, 어느 순간에는 이를 하나의 배변신호로 인식하게 되어 마침내 이에 대한 올바른 신체적 반응을 하게 되는 것이다. 따라서 이를 위해 가장 중요한 것은 영아의 개별적인 발달의 과정과 단계를 존중하는 주변인의 자세이다. 더불어 지속적인 반복 속에서 자신만의 협응기법을 훈련하고 발전시키는 영아의 노력을 칭찬하고 장려하는 것이 필요하다. 개인성장에 적합하지 않은 지나친 외적 간섭은 이 시기 영아의 정서적 안녕에 부정적 영향을 미칠 수 있음을 간과해서는 안된다.

3. 생리적 기능의 발달

1) 성장과 영양-수유 및 이유

대부분의 산모는 출산 1-2일 후부터 모유수유가 가능하다. 출산 48시간 이내의 젖을 초유라고 하는데, 초유는 끈끈한 느낌에 약간 어두운 색을 띠며, 다양한 필수 영양분을 함유하고 있어 신생아에게 반드시 수유하기를 권장하고 있다. 특히 초유는 신생아의 감염이나 전염병에 대한 저항력을 길러준다. 모유수유는 대개 6개월에서 긴 경우에는 만 2세 때까지도 이루어지며, 단지 영양공급의 기능뿐만 아니라 영아의 정서적 발달에도 매우 긍정적인 영향을 끼치게 된다.

다음은 모유수유의 장점에 대한 설명이다.

- 모유는 신생아 및 영아에게 반드시 공급되어야 하는 필수 요소를 함유한 완벽한 영양소이다. 따라서 모유수유는 인공 가공유와 달리 영아 중심의 적절한 성장과 발달을 유도한다.

- 모유는 영아에게 필요한 영양분을 제공할 뿐만 아니라, 외부환경에 존재하는 다양한 병원균으로부터 보호할 수 있는 저항력을 길러준다. 특히 신생아 및 영아기에 자주 나타나는 설사, 폐렴, 기관지염 등 호흡기 관련 질병에 대해 뛰어난 방어능력을 갖고 있다.
- 모유는 인공 가공유에 비해 소화 및 흡수가 빠르고 알레르기 반응을 일으키지 않는 장점이 있다. 이러한 이유에서 소아과에서는 설사와 같이 소화기관에 탈이 난 경우, 모유수유를 적극 권장한다.
- 우유병을 이용한 수유보다 젖을 빠는 모유수유는 신생아의 치아와 턱 발달에 긍정적인 영향을 미친다. 또한 많은 연구에 의하면 모유수유를 한 아이들의 경우 손가락을 빠는 행동이 그렇지 않은 경우보다 적게 발견되었다. 이는 모유수유가 정서적인 면에서도 매우 긍정적인 효과를 갖고 있음을 보여주는 것이다.
- 모유수유는 엄마와 아기의 신체 및 정서적 교류를 가능하게 한다. 이는 아기들이 새로운 외부환경에 스스로를 보다 빨리 적응시킬 수 있는 매우 중요한 조건이다.
- 모유수유는 아기뿐만 아니라 산모에게도 매우 중요한 요소이다. 출산을 통해 많은 신체적 변화를 겪은 산모는 심리적으로도 매우 불안정한 상태이다. 이때 아이와 교감할 수 있는 모유수유는 심리적으로는 모성애를 느끼게 하고 신체적으로는 산전 당시로 되돌아가게 하는 빠른 효과를 갖고 있다.

반면 오늘 날 많이 시행하고 있는 인공유의 수유는 프로이드가 말한 구순기적 만족감이나 에릭슨이 주장하는 산모와 아기 사이의 신뢰감 형성에 많은 어려움이 있다. 더불어 소독과 같은 위생 점검을 철저히 해야 하며, 또한 아기가 잘 소화시킬 수 있도록 농도조절, 섭취 온도 조절 등에 많은 신경을 써야 한다.

Hallow의 원숭이 대리모 실험

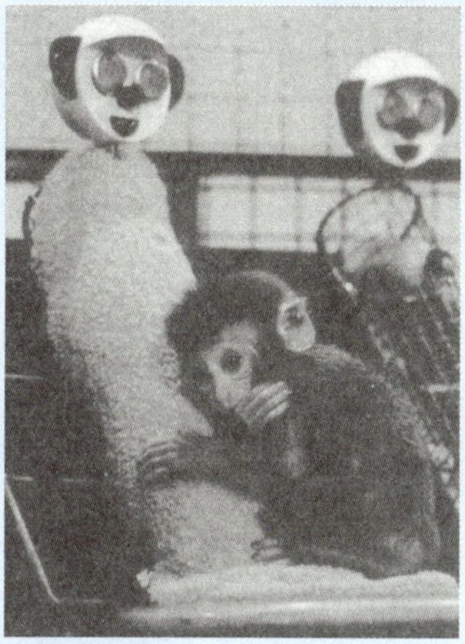

어머니는 젖을 먹이는 동안 아기와 피부 접촉을 하게 된다. Harlow는 이러한 피부 접촉의 중요성을 원숭이 실험을 통해 보다 명확히 보여주었다. Harlow는 젖이 나오는 장치는 있으나 철사로 만들어진 대리모1과 수유 장치는 없으나 온 몸을 부드러운 헝겊으로 감싼 대리모2를 만들었다. 그리고 위기상황을 조장하여 원숭이의 반응을 살피었다. 원숭이는 어느 대리모를 선택하였을까? 원숭이의 선택은 대리모2였다. 이는 아기와 시선을 맞추고 쓰다듬으며 교감하는 모유수유의 중요성을 보여주는 좋은 예라 할 수 있다.

수유 시간은 특별히 정해져 있지 않다. 이전에는 정해놓은 시간의 틀 안에서 수유를 해야 한다는 생각이 일반적이었다. 이러한 이유에서 자는 아이를 새벽에 깨워 수유하는 경우도 빈번했으나, 오늘 날의 육아에서는 아기 중심으로 이루어진다. 즉 조금씩 자주 먹는 아기에게는 하루에도 여러 번 수유하는 반면, 한 번에 많이 먹는 아기에게는 그 아기의 주기에 따라 수유하면 되는 것이다. 아기들의 수유 주기는 시간이 흐르며 성장함에 따라 개별적으로 자연스럽게 형성된다.

일반적으로 이유식은 생후 5-6개월부터 시작된다. 이때쯤이면 산모의 모유는 아기의 발달에 필요한 충분하고 다양한 영양소를 제공하지 못하게 된다.

따라서 이러한 부족분은 외부에서 충족되어야 하는데 이를 이유식이라 한다. 이유식을 시작한 초기에는 반고형식의 음식을 제공하여 소화를 돕는데 중점을 둬야 하며, 차차 아기의 발달에 따라 고형식으로 이유식의 종류를 다양화한다. 이유식의 제공에서도 중요한 것은 부모와 아기의 지속적인 유대관계이다. 최대한 아이와 눈을 맞추며 이유시간만큼은 아이에게 집중해야 한다. 단지 영양식만을 제공하는 것이 아니라 긴밀한 정서를 교감하는 것이기 때문이다.

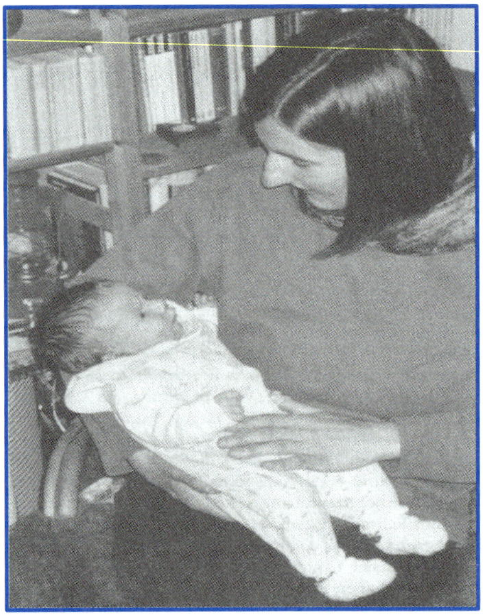

그림 10-5 엄마와 아이의 정서적 교감

* 출처 : Gruhn, 2003

2) 수면

신생아의 경우, 하루 16-20시간을 자며, 이때 밤낮의 구분 없이 일정하게 자고 깬다. 이러한 수면 패턴은 출생 후 8주가 되면서 서서히 변화하기 시작하는데, 이 시기부터 밤낮의 주기에 따라 낮에 깨어있는 시간이 점차 길어진다. 4-8개월에는 낮잠의 횟수가 3-4회로 줄어들며, 밤잠의 길이가 길어지고, 첫 돌 전후가 되면 이러한 수면 패턴은 점차적으로 일정해지고 자는 시간과 깨어 있는 시간이 거의 비슷하게 안정적으로 형성된다.

부모들이 가장 어려워하는 부분이 잠들지 않는 아기를 돌보는 것이다. 이때 중요한 것은 아기들 역시 새로운 환경에 적응할 수 있는 시간이 필요하다는 사실이다. 따라서 억지로 재우려는 노력보다는 아기가 외부환경의 변화에 따라 쉽게 적응할 수 있도록 도와주는 것이 중요하다. 예를 들면, 아기가 깨어있는 낮 시간에 충분히 놀아주어, 아기로 하여금 밤에 쉽게 잠들 수 있도록 유도하는 것이다.

3) 식습관

이유기를 통해 다양한 음식물을 접하게 되는 영아기에 중요한 것은 올바른 식습관의 형성이다. 여기에서 올바른 식습관이란, 식사의 시기, 수저와 같은 도구의 사용, 편식 없이 섭취하는 다양한 음식물, 돌아다니지 않고 한 자리에서 식사하는 식사방법 등의 올바른 습득을 말한다. 이러한 능력의 습득은 비단 음식물을 통한 영양요소의 섭취뿐만 아니라, 영아의 신체 및 운동능력의 발달, 사회성의 발달 등을 담보함으로 매우 중요하다 할 수 있다.

4) 옷 입기 및 신발 신기

이 시기에는 자아의식의 발달로 인해 '내가 혼자 할거야' 등의 자기주장이 늘어난다. 이러한 주장의 대표적인 것이 옷 입기 또는 신발 신기이다. 영아들은 혼자 할거야 뿐만 아니라 이걸 입을 거야, 저게 좋아 등 다양한 자기표현을 시작하는데 때로는 이러한 주장이 너무 심해 당혹스러울 때도 있다. 그러나 이 시기의 육아에 있어 잊지 말아야 할 것은 이러한 주장을 단지 시간이 없다는 이유에서 혹은 부모가 귀찮다는 이유에서 모른 척해서는 안 된다는 점이다. 시간이 오래 걸리거나 어색하더라도 자기 옷 또는 신발을 스스로 고르고 입거나 신고 벗는 행위는 이 시기에 필요한 신체 및 운동능력의 발달과 더불어 긍정적 자존감을 형성하는 매우 중요한 과정이기 때문이다. 다시 말하면, 이러한 행동 속에서 자조능력이 발달하는 것이다.

5) 위험물의 구별

부모의 육아과업 중 간과하지 말아야 할 것은 신체 및 운동능력의 발달로 인해 행동반경이 넓어진 영아로 하여금 '해도 되는 것'과 '하지 말아야 할 것', 그리고 '위험한 것'과 '위험하지 않은 것'의 구분을 가능하게 하는 것이다. 예를 들면, 뜨거운 물건으로 촛불, 성냥, 뜨거운 음식이나 음료 등이 있으며, 위험한 물건으로는 칼, 바늘, 머리 핀 또는 영아가 입에 넣을 수 있는 작은 물건 등이 대표적이다. 이러한 주의대상들은 우리의 생활환경 속에 항시 산재되어 있는 것이므로 영아가 위험의식을 갖고 적절한 변별능력을 갖지 않으면 돌이킬 수 없는 사고로 이어질 수 있다. 따라서 매 환경 및 자극에 대해 적절하게 설명하고 조건화하는 방법이 필요하다. 그러나 지나친 공포감을 주는 것은 지양해야 한다.

6) 배변훈련

육아 중 가장 어려운 부분 또는 부모의 입장에서 가장 절실하게 희망하는 부분이 영아의 배변능력이다. 배변능력의 훈련은 빠르면 생후 7-8개월경부터 시작할 수 있으나, 영아의 발달정도 또는 건강상태에 따라 결정해야 한다. 가장 중요한 것은 영아가 배변을 가릴 수 있는 준비가 되어 있는 지 관찰하고 확인하는 일이다. 따라서 다른 영아와의 비교는 금해야 하며, 너무 일찍 시작하여 지나친 스트레스를 준다거나 혹은 방치하여 영아로 하여금 수치심을 갖게 하는 등의 육아법은 피해야 한다. 분명한 것은 영아로 하여금 대 · 소변가리기의 필요성을 스스로 느끼게 하는 것이 중요하며, 이러한 생각은 일상 속에서 일어나는 자연스런 대 · 소변의 경험을 통해 가능하게 된다. 이 시기의 배변훈련이 강압적으로 이루어지면 후에 영아는 반항적이고 인색하거나 공격적인 성향을 가질 수 있다. 반면 배변훈련을 방치하는 경우 지나치게 오만하거나 또는 역으로 겸손한 사람이 될 수 있다. 이러한 성격은 모두 항문기적 성격을 나타낸다.

4. 인지발달

인지란(cognition), 인간이 생각하고 추리하고, 특정 문제에 대한 해결을 모색하는 일련의 과정으로 사고와 지능의 발달을 의미한다. 그러나 영아의 경우 이러한 사고를 촉진시키는 언어와 같은 개념적 상징체계가 없으므로 매우 제한적인 인지환경을 가질 수 밖에 없다. 그러나 반복적인 일상 속에서의 환경에 대한 적응 자체가 영아로 하여금 지적활동 능력을 키우게 한다. 이러한 이유에서 피아제(Piaget)는 인지활동 자체를 '환경에 대한 적응'이라 설명하였으며, 이러한 적응활동은 '동화'(assimilation)와 '조절'(accommodation)을 통해 이루어진다고 주장하였다. 동화란, 새로운 환경의 자극을 친숙한 것 또는 받아들여야 하는 것으로 여기고 수용하는 과정으로, 동화의 주체는 영아이나 그 내용은 외부의 환경이 된다. 조절은 이와 달리 영아가 이미 전부터 가지고 있던 개념을 새로운 지각 내용에 맞추어 변화시켜 나가는 것을 의미한다. 즉 조절행동뿐 아니라 내용의 주체 역시 영아 자신이 되는 것이다.

피아제가 구분한 인지발달단계는 (1) 감각운동기, (2) 전조작기, (3) 구체적 조작기, (4) 형식적 조작기이며, 이들 단계를 거치며 단계마다 질적으로 상이한 사고를 한다고 주장하였다. 이 단계들 중 감각운동기가 영아기에 해당된다. 감각운동기는 다음과 같이 6개의 반복적인 순환반응으로 세분된다.

1) 반사 활동기(0-1개월)

근원반사, 빨기반사 등의 단순한 반사운동이 일어나는 시기이다.

2) 일차 순환반응기(1-4개월)

아직은 생물학적인 일차적 반사가 주로 나타나나 점차 반사운동이 정교해지고 조화롭게 발달한다. 이 시기에는 동화와 조절의 기능 간 차이가 나타나지 않는다.

3) 이차 순환반응기(4-8개월)

순환반응의 영역이 자신의 신체에서 벗어나 주위환경으로까지 확장된다. 이때는 활동 자체에 흥미를 느껴 반복하는 행동을 하게 된다. 또한 흥미로운 사건에 대한 원인을 알게 된다.

4) 이차 반응의 협응(8-12개월)

이전의 도식들을 연결하고 최초로 계획된 의도적 행동을 하게 된다. 따라서 목적을 이루기 위해 수단과 목적을 구분하게 된다.

5) 삼차 순환반응기(12-18개월)

새로운 결과를 위해 다양한 도식들을 시도한다. 이는 기존의 인지 구조가 분화되어 더 나은 도식을 찾고자 하는 조절의 결과물(재생산적 동화)이다.

6) 도식의 내적 표상(18-24개월)

감각운동기의 마지막 단계로써 영아는 문제해결을 위해 실체의 표상뿐만 아니라, 상징이나 이미지를 인지적으로 조합하고 조절하기도 한다. 즉 상징을 통해 새로운 인지구조를 생각하기도 하며 이러한 인지구조들을 결합시켜 새로운 수단을 발생하는 사고를 한다.

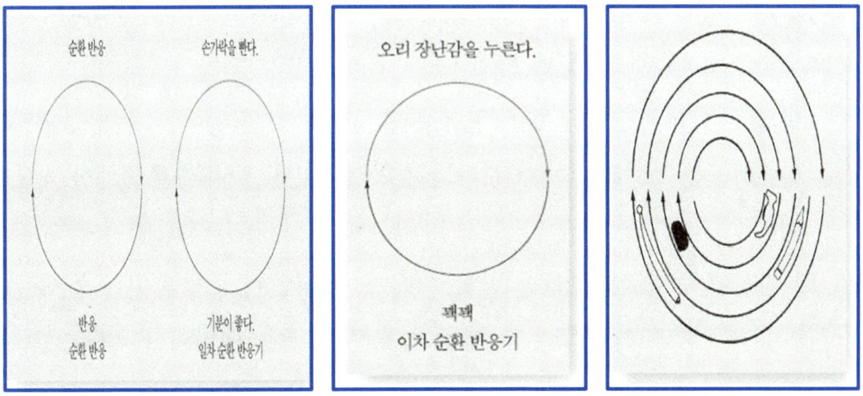

1차 순환반응기 2차 순환반응기 3차 순환반응기

그림 10-6 순환반응

* 출처 : Berger & Thompson, 1995

피아제가 구분한 감각운동기 중 영아가 획득하는 중요한 개념의 하나가 대상 영속성(object permanence)이다. 대상 영속성이란 대상이 자신의 눈 앞에서 사라져도 자기와는 별도로 어딘가에 존재한다고 인식하는 것을 의미한다. 이는 자신과 주변 환경의 관계에 대한 논리적 이해 속에 나타나는 사고로써, 다음과 같은 조건이 전제된다.

- 자아는 주변 환경과는 다른 분리된 존재임을 먼저 깨달아야 한다.
- 주변의 물체가 본인 시야에 있지 않다 하더라도 계속적으로 존재한다는 사실을 이해해야 한다.

이러한 대상 영속성은 감각운동기의 후반인 2세의 영아에게서 발견된다. 감각운동기 중 대상 영속성의 발달은 다음과 같이 일어난다.

- 1단계 : 대상 영속성이 발견되지 않는다. 물체가 시야 안에서 움직일 때는 그 물체를 따라가지만, 물체가 사라지면 더 이상 관심을 보이지 않는다.
- 2단계 : 기본 형태의 대상 영속성이 발달한다. 1단계와 같은 실험에서 영아는 소극적이나마 관심을 갖고 물체가 사라진 지점을 응시한다.
- 3단계 : 간단한 도식에 대한 협응능력을 갖고 있는 영아는 사라진 물체를 찾는 행동을 보이며 물체가 사라진 지점에서 손을 이용하여 물체를 찾는다.
- 4단계 : 사라진 물체를 적극적으로 찾는 시기로써, 물체를 찾기 위해 다양한 자신만의 새로운 행동을 한다. 예를 들어 타인이 물체를 다른 물체 뒤에 숨기거나 하면, 방해되는 물체를 치우려고 하는 행위이다. 이는 새로운 물체 뒤에 원하는 물체가 있음을 지각한다는 증거이다.
- 5단계 : 이 단계에서는 사라진 물체를 여기저기 옮겨 숨겨도 찾아내는 시기이다. 이것은 영아가 사라진 물체에 대해 비교적 장시간 지속적으로 사

고하고 있다는 것을 의미한다.

- 6단계 : 영아는 사라진 물체를 찾는 것뿐 아니라, 숨겨 있을만한 장소를 찾을 수 있다. 이러한 행동은 사라진 물체에 대한 상상을 할 수 있고, 장소에 대한 개념을 갖게 되었음을 보여주는 것이다.

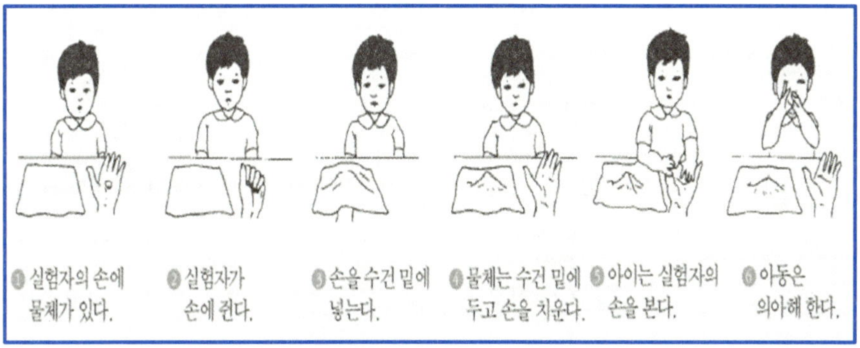

그림 10-7 대상 영속성 실험

5. 언어발달

1) 언어발달의 과정 및 내용

영아기의 언어발달은 울음과 쿠잉(cooing : 꾸르륵하고 목 울리는 소리를 내는 행동), 옹알이 및 몸짓말 단계에서 발달한 자신만의 비언어적 의사표현이 보다 민감하고 세분화된 반응으로 나타나는 시기이다. 즉 비언어적 표현에서 언어적 표현으로 이동하는 과도기를 담고 있다. 일반적으로 생후 13개월이 되면 영아는 첫 말을 시작한다고 알려져 있다. 18개월이 되면서 습득되는 단어의 수가 급증하고, 18-24개월 사이에 단어와 단어의 결합이 가능해지고 언어적 이해가 급속도로 성장한다.

영아는 그들 스스로가 의미 있는 첫 말을 하지 못할 때에도 주변에서 들리는 사람들의 말을 알아들을 수 있다. 이러한 청각적 이해능력은 그들 주변의 언어 환경을 반복적으로 경험함으로써 특정한 언어적 표현과 현상과의 관계를 이해하는데 매우 중요한 역할을 한다.

우리나라 영아의 경우 처음 시작하는 말은 '엄마'가 대부분이며, 다음으로는 '아빠' 또는 '맘마'이다. 한 단어로 된 말은 사물과 사건을 지칭하거나 기분을 표현할 때, 또는 뭔가 요구가 있을 때 사용하는 것으로 자음 하나와 모음 하나가 합쳐져 반복되는 말이 대부분이다. 이 말들은 경우에 따라 다양한 의미를 내포하고 있다. 예를 들어 '맘마'는 음식을 의미하기도 하지만, 영아에게는 뭔가를 먹고 싶다는 표현이 되기도 한다. 이렇게 한 단어가 그 단어 이상의 의미로 사용되는 시기를 일어문(一語文) 단계라고 한다. 일어문 시기의 영아들은 인물, 음식 등을 나타내는 대상어와 동작어, 그리고 형용어를 주로 사용한다(이영자, 1994). 만 2세의 영아는 두 단어를 결합하여 자기의 의사를 표현하기 시작한다. 이를 언어학적으로 이어문(二語文)이라 하는데, 이 시기는 일반적으로 50여개의 단어를 말할 수 있을 때 시작된다.

표 10-3 시기별 언어발달

시기	언어발달의 특징
출생	음소 지각, 비언어적 표현과 언어적 표현의 구분, 울음을 통한 의사표현이 나타난다.

시기	언어발달의 특징
2-3개월	울음이 감소되고, 말을 걸거나 하면 웃으며 쿠잉한다.
5-6개월	쿠잉에 자음이 삽입되며 옹알이로 발달한다.
6-8개월	주변 모든 언어에서부터 시작하여 점차 특정 관심언어에 반응한다.
8-12개월	영아의 동작, 예를 들어 손가락으로 가리키는 등의 동작을 통해 말을 이해하고 있음을 알 수 있다.
13-14개월	첫 말을 시작한다.
18개월	단어 습득 급등, 폭력적 어휘 획득, 전보식 언어를 사용한다.
18-24개월	단어 간 결합. 언어 이해가 급증한다.
24개월	간접적 요구에 대한 이해가 가능하다.

* 출처 : Santrock, 2006

2) 언어발달 및 장애의 요인

영아가 언어환경 속에서 각각의 자극에 대한 의미를 이해하고 이를 습득하는 데는 여러 가지 요인이 작용한다. 먼저 환경적 요인으로 영아가 사는 가족 내 언어환경과 문화적 환경을 들 수 있는데, 영아 양육을 맡고 있는 부모는 언어습득에 있어 하나의 모델 역할을 하게 된다. 반면 생물학적 관점에서 영아의 언어발달에 큰 영향을 미치는 요인은 바로 영아의 성이다. 통계적으로 언어적 능력은 여아가 남아보다 일찍 발달하는 것으로 알려져 있다. 생후 초기부터 조음 능력과 독서 능력에서 여아가 남아보다 우수하게 나타난다. 그러나 청소년기 이후의 높은 수준의 언어능력은 남아가 더 뛰어난 것으로 평가된다(신경혜, 황상민 1994).

이상과 같이 언어발달은 개인별 차이는 있으나 특정한 일련의 과정을 통해 이뤄진다. 그러나 간혹 지나친 지체현상이나 아예 말을 배우지 못하는 언어장애가 발생하기도 한다. 이러한 장애현상의 가장 큰 요인은 환경적으로 자연스런 언어환경이 제공되지 못하는 경우도 있으나, 이보다는 신체적 또는 정신적인 이상으로 발생하는 것이 대부분이다. 신체적 이상의 경우, 언어환경을 직접적으로 접할 수 있는 청각기관의 문제와 성대와 같은 발음기관의 문제를 들 수 있다. 뇌의 손상이 있거나 정신박약아의 경우, 그리고 자폐아의 경우에도 심한 언어지체 현상이 나타난다. 뿐만 아니라, 정서적으로 불안한 경우에도 언어 장애가 나타나는데, 이때에는 말을 못하기보다는 말을 더듬는 현상이 발견된다.

6. 정서 및 사회성 발달

1) 정서의 분화

외부의 자극에 노출되는 신생아기부터 정서의 분화가 시작된다. 영국의 아동학자 브리지(Bridges)에 의하면, 출생 시의 정서는 아직 미분화되어 있기 때문에 단지 '흥분'만을 느낄 수 있으나, 생후 3개월이 지나면 '불쾌감'과 '만족감'으로 분화되고, 6개월에는 '분노'와 '혐오', '공포'의 정서가 발견된다. 또한 12개월에는 만족감과 같은 긍정적 정서에서 분화된 '애정'에 대한 정서가 나타난다고 한다. 이러한 정서의 분화 및 발달은 외부 환경과의 접촉을 통한 자아인식을 통해 일어난다.

(1) 기쁨

갓 태어난 신생아는 배냇미소라 하는 외부환경 또는 자극과는 전혀 관계없는 미소를 짓는다. 이 배냇미소는 약간 졸리운 상태에서 많이 짓는데, 이는 아직 기쁨을 의미하지는 않는다. 의도적인 기쁨이 나타나는 시기는 출생 후 약 2~3개월의 시기이다. 이때의 미소는 자신의 정서를 표현함으로 상대의 미소를 불러오는 역할을 한다. 그러므로 이러한 미소를 '사회적 미소'라고 칭하며 구분하고 있다.

(2) 공포

생후 5개월이 되면 공포의 표현이 가능해진다. 공포의 감정을 유발하는 외부적 자극은 비교적 적다. 그러나 낯선 사람에 대한 공포, 격리불안 등은 공포의 정서를 불러일으키는 요인이 된다. 이 시기 특정 대상에 대한 지나친 공포심의 형성은 피해야 한다.

(3) 분노

분노의 감정은 자신의 생각과 행동이 저지당할 경우, 또는 좌절되는 경우 발생한다. 연구결과 생후 5개월의 영아가 분노의 감정을 표현하고 구분하는 것으로 나타났다. 이 시기의 분노는 외부환경에 의해 크게 좌우되며, 분노에 대한 애정을 가진 주변인의 올바른 반응이 요구된다.

(4) 불안

불안의 감정은 애착행동 및 낯가림과 관계가 크다. 특히 어머니와의 격리에 대한 불안감은 주된 원인이 된다. 불안의 표현으로는 울음을 터뜨리고 안절부절하며, 심한 경우 공포의 반응이 나타난다. 이러한 불안감이 반복되는 경우, 야뇨증이 수반되기도 한다.

표 10-4 영아기의 정서표현

출현 시기	영아기의 기본 정서표현
출생 시	흥미, 관심, 미소 갑작스런 현상에 대한 놀람, 고통 등에 대한 괴로운 반응, 혐오의 정서
4–6주	사회적 미소
3–4개월	분노, 놀람(경악), 슬픔
5–7개월	공포
6–8개월	수치심, 수줍음, 자아인식
– 2년	모욕감, 죄의식

2) 자아인식

신생아기를 벗어나면서 영아들은 서서히 주변 환경에 관심을 갖고 눈을 돌리게 된다. 주위를 살핀다는 것은 자신과 다른 주변 환경에 관심을 갖게 되었음을 의미하는 것이다. 이는 다른 사람의 존재를 인지한다는 것이며, 또한 이러한 사실은 역으로 자신의 존재를 다른 사람과 반해서 깨닫게 되었음을 뜻한다. 일례로 초기 영아들은 거울을 보고 발견하게 되는 자신의 모습을 보고 그 모습이 자신이라는 생각을 하지 못한다. 이 시기의 영아들을 대상으로 하는 실험에서 - 영아의 코에 붉은 색 화장품을 바르고 거울 앞에 세워 그들의 반응을 관찰한 실험에서, 17개월 미만의 영아들은 거울에 비친 모습이 자신의 모습임을 인지하지 못하는 반면, 18개월 이상의 경우 자신의 코를 만지는 행동이 급격히 늘어나, 이들의 경우 거울에 비친 자신의 모습을 인지하는 것으로 나타났다. 이러한 성향은 약 24개월이 되면서 자신과 타인에 대한 기초개념을 획득하게 되며, '내가 ~할거야' 또는 'OOO 이 제일 좋아'라고 표현할 수 있는 만 2세 전후에는 어느 정도의 자아개념이 형성된다고 볼 수 있다.

프로이드와 같은 정신분석학자는 인간발달에 있어 초기경험이 이후의 발달과 성장에 미치는 영향이 매우 크다고 보았다. 이러한 주장은 이후 다양한 연구결과에서도 나타나는데 예를 들어 로렌쯔의 오리 각인현상이다. 이는 관계형성에 있어 큰 영향을 끼치는 특정한 시기가 있음을 보여주는 좋은 예이다. 이와 같이 생후 일정 기간 내에서만 외부의 자극이 작용하는 시기를 '결정적 시기'라 일컫는다. 결정적 시기에 얻어진 행동이 일생동안 지속되고, 따라서 가역성이 없다는 사실은 초기 경험이 얼마나 중요한 지를 보여주는 것이라 할 수 있다.

인간발달에 있어 결정적 시기의 개념은 매우 중요한 의미를 가진다. 영아가 태어나자마자 갖게 되는 첫 번째 사회적 관계의 대상은 어머니이다. 영아는 일반적으로 그의 생활 전부를 어머니에게 의존하게 된다. 그러나 점차 시간이 지나면서 수동적이었던 어머니와의 관계는 능동적인 관계, 즉 자신을 표현하는 상호관계로 발전하게 된다. 영아의 초기행동에는 울음, 미소, 몸짓 등의 기초적인 신호행동만이 발견되지만, 관계가 발전함에 따라 애착형성에 따른 낯가림과 같은 행동이 나타난다. 이러한 관계를 '정서적인 상호 일체적 관계'라 설명하는데, 이는 영아가 최초로 경험하는 사회적 대인관계이며 사회성의 발로라 할 수 있다. 이러한 초기경험에 영향을 미치는 요소로는 직접적인 피부접촉과 더불어 눈 맞추기, 이야기 나누기, 미소짓기, 영아의 반응에 재 반응하기,

풍부한 환경자극 제공하기 등의 사회적 접촉이 중요하게 작용한다.

3) 낯가림과 격리불안

영아가 자라면서 애착을 형성하는데 비해 나타나는 것이 낯가림과 격리불안이다. 이는 자아인식을 통해 나타나는 상대적인 반응으로 자신에게 익숙한 환경과 낯선 환경을 구분하게 되면서 시작된다. 낯가림의 경우 애착형성과 함께 생후 6-8개월경부터 시작되며, 애착형성의 정도에 따라 유동적으로 변화한다. 낯가림이 가장 심한 경우는 학자마다 차이는 있으나 애착관계가 가장 높게 나타나는 돌 전후로 본다.

낯가림이 익숙한 사람과 낯선 사람에 대한 구분에서 시작되었다면, 격리불안은 친숙한 사람으로부터의 분리가 원인이 된다. 또한 낯가림과 격리불안은 함께 나타나기도 하는데 낯선 사람의 출현으로 인해 친숙한 사람과 격리될 것이라는 불안감이 이에 해당된다. 이런 경우 낯가림과 격리불안 현상이 명확히 구분되지 않는다.

낯가림과 격리불안은 영아의 초기 사회적 관계, 즉 어머니와의 사회적 관계는 영아로 하여금 외부 세계를 인식하는데 결정적인 영향을 미치며 이후 사회를 보는 태도와 방식의 기초가 되는데, 이에 큰 영향을 받게 된다. 따라서 어머니와 같은 관계인의 역할은 매우 크다 할 수 있다.

유치원에서의 첫 날

새로 유아교육기관에 들어가는 영아의 격리불안을 최소화하기 위해서는 어머니와 영아가 헤어질 때 아이에게 바르게 설명하는 것이 중요하다. 대개의 경우, 어머니는 떨어지기 싫어하는 아이를 장난감 등으로 유도하고 이에 관심을 갖고 있을 때 말 없이 사라진다. 그러나 이는 격리불안을 오히려 가중시키는 경우이다. 또한 어머니와의 사회적 관계형성에도 부정적인 영향을 미치게 된다. 따라서 아이가 이해할 수 있는 단위나 척도(예를 들면 : 점심밥 먹고 낮잠을 자고난 후)를 이용하여 어머니가 언제 다시 오게 되는 지를 설명하고, 이를 반드시 지켜야 한다. 하루 이틀 반복되는 어머니의 약속은 아이로 하여금 격리불안을 이길 수 있는 심적 근거를 제공한다.

제 11 장

유아기 발달

1. 신체 · 운동발달
2. 인지 및 언어발달
3. 정서 및 사회성 발달

유아기는 만 2세에서 만 6세까지의 시기를 의미한다. 유아기의 시작인 만 2세에는 팔다리가 짧고 두상의 비중이 크다. 영아기에 비해 신체의 성장속도는 완만하지만 운동기능이 향상되고, 정신적 표상이 가능하며, 언어발달에서도 어휘력이 급격히 증가하고, 또래와의 다양한 상호작용도 가능해진다.

이 시기의 유아는 주변 환경을 탐색하며, 환경을 조절하며, 자기주장이 점차 강해진다. 자신의 정서를 조절하고 이해하는 능력이 향상되며, 자아와 성에 대한 개념을 형성하고, 사회화 과정에 필요한 기본적인 행동양식과 가치를 획득하며 아동기를 준비한다.

1. 신체 · 운동발달

1) 신체발달

유아기의 신체적 발육은 영아기에 비해 느린 성장 패턴으로 인해 그 속도가 감소한다. 신장은 매년 5-7㎝정도 자라며, 체중은 2-3㎏ 정도 증가한다. 6세 때는 생후 1세 때 체중의 약 2배가 되며, 신장은 약 1.5배가 된다.

유아기에 원만한 신체발달이 이루어지기 위해서는 규칙적인 식사와 생활습관, 충분한 영양공급, 사고와 질병으로부터 보호가 필요하다.

(1) 신체적 성장

유아기는 지방이 많은 통통한 젖살(baby fat)이 빠지고 팔다리가 성장하면서 신체비율이 어른과 비슷해진다. 그러나 어깨 근육이 아직 형성되지 않아서 남아나 여아 모두 성인 같은 몸매는 이루어지지 않았다. 두뇌의 발달은 영아기보다 급속하지는 않으나 여전히 빨라서 3세경이면 성인 크기의 75%까지 성장을 보이며, 5세경이면 성인의 90%까지 커진다.

신체는 사람마다 다르고 키와 몸무게와 같은 신체 크기와 내부 기관은 일반적 성장곡선을 따르는데, 영아기 때는 급격히 성장하고 유아기 때는 서서히 성장하다가 청소년기에는 또 다시 급격히 성장한다. 이처럼 신체적 성장은 비동시적(asynchronous)이다.

표 11-1 한국소아발육표준치

남				연령	여			
체중 (kg)	신장 (cm)	두위 (cm)	흉위 (cm)		체중 (kg)	신장 (cm)	두위 (cm)	흉위 (cm)
M	M	M	M	M-모두삭제	M	M	M	M
12.94	87.7	48.4	50.0	2 (2-2.5) 년	12.51	87.0	47.7	49.1
14.08	92.2	49.4	51.2	2.5 (2.5-3)년	13.35	90.9	48.4	49.9
15.08	95.7	49.6	51.9	3 (3-3.5)년	14.16	94.2	48.7	50.5
15.94	99.8	50.0	52.3	3.5(3.5-4)년	15.37	98.7	49.1	51.4
16.99	103.5	50.4	53.3	4(4-4.5)년	16.43	102.1	49.6	52.3
17.98	106.6	50.8	54.2	4.5(4.5-5)년	17.31	105.4	49.9	52.8
18.98	109.6	50.8	55.0	5(5-5.5)년	18.43	108.6	50.0	53.7
20.15	112.9	51.0	55.9	5.5(5.5-6)년	19.74	112.1	50.3	54.8
21.41	115.8	51.3	57.0	6(6-6.5)년	20.68	114.7	50.5	55.5

* 출처 : 대한소아과학회, 1999.

(2) 신체성장과 건강에 영향을 주는 요인

유아기의 신체 성장과 건강에 영향을 주는 요인은 유전과 호르몬, 정서적 불안, 영양, 질병, 유아기 상해 등 다양하다. 특히 유전의 영향력은 유아의 신체 크기, 성장 속도가 자신의 부모와 유사하며, 호르몬 분비의 통제를 통해 성장에 영향을 준다. 위(胃)의 크기가 아직은 작으므로 정확한 세 끼 식사와 간식을 통하여 적절한 영양을 공급하여야 한다. 유아기에는 정서 상태와 식욕은 밀접한 관계가 있으므로 안정된 환경을 제공하여 식탐이나 거식과 같은 불안정 상태가 나타나지 않도록 하여야 한다.

1 성장 호르몬

성장 호르몬(growth hormone, GH)은 대뇌와 생식기를 제외하고 출생 시기부터 모든 신체 조직의 발달에 필수적이다. 갑상선 자극 호르몬(thyroidstimulating hormone, TSH)은 갑상선이 티록신(thyroxine)을 분비하도록 하는데, 티록신은 뇌 발달과 성장 호르몬이 그 역할을 하도록 이끄는데 반드시 필요한 호르몬이다. 성장호르몬이 부족하면 유아들이 정상속도로 자라지 않으며, 갑상선에서 티록신 분비가 제대로 이루어지지 않으면 평균 이하의 신체성장이 나타난다.

2 정서의 안정

부모의 이혼, 경제적 어려움, 잦은 이사 등으로 인한 정서적 불안은 유아에게 스트레스를 일으킬 수 있으며 이로 인해 호흡계, 내장계 질환과 상해로 고통을 겪을 가능성이 높다. 이 시기 유아에게는 또래와의 놀이를 통해 정서적 즐거움을 갖도록 하고, 가족과의 식사시간이 기쁠 수 있도록 안정되고 밀접한 유대관계를 형성하는 것이 좋다. 또한 스스로 하려고 하는 자조력이 높은 시기이므로, 뛰어가거나, 숟가락을 쥐고 스스로 먹으려고 하는 움직임을 격려하고 지지해 주는 것과 같이 발달과업을 통한 자율감을 획득하도록 하여 안정된 정서를 갖게 해 준다.

3 영양

유아기는 성인이 먹는 음식과 동일한 음식을 먹도록 하여 양질의 영양소를 섭취하게 해야 한다. 지방, 기름, 소금은 적게 섭취하도록 해야 하며 새로운 음식을 억지로 먹이거나 강요하지 말고 반복적으로 제공하는 것이 중요하다. 부모의 강한 통제는 유아들이 자기 조절을 발달시킬 기회를 제한할 수 있다. 설탕과 지방이 많이 들어있는 식품에 대한 TV광고를 많이 접촉한 유아들은 식욕을 그런 음식으로 채우게 되어 정말로 필요한 식품을 먹을 수 없게 되어 영양의 불균형을 가져올 수 있다.

4 수면

3세-8세 사이의 아동 네 명 중 약 한 명은 악몽이나 밤의 공포로 고생을 한다(Hartmann, 1981). 밤늦게 많이 먹거나 잠들기 직전에 흥분하는 것 등이 그런 계기가 된다. 규칙적인 수면은 건강한 신체발달과 깊은 관계가 있다. 낮잠을 안자는 유아는 점심식사 후에 조용히 음악을 듣거나 누워서 휴식을 취하도록 권하는 것이 좋으며, 차분한 분위기를 조성하여 자연스러운 잠자기를 유도하는 것이 좋다.

5 질병

질병은 신체적 성장과 인지 발달을 저해하는 영양 결핍의 주요 요인이다.

질병은 유아의 식욕을 줄어들게 하고 음식을 흡수하는 능력을 제한하게 된다. 따라서 체내의 면역성을 기를 수 있도록 적시에 필요한 예방 접종을 해야 하고, 질병에 걸리지 않도록 영양과 휴식의 분배를 고려해야 한다.

6 사고

유아기에는 교통사고, 물놀이 재해, 화재, 추락이 가장 빈번한 상해사건이며, 자동차 충돌은 모든 연령대에서 가장 높은 사고이므로, 안전벨트 매기, 안전한 약품 사용하기, 불연재 사용하기, 유아시설의 울타리 치기 등 안전을 위한 조치와 지속적인 교육이 필요하다. 집안에서의 사고도 빈번하므로 깨지기 쉬운 것과 만져서 안 되는 물건은 손에 닿지 않는 곳에 배치하고 위험물에 대한 인식은 여러 번 강조하고 학습을 통하여 교육하는 것이 좋다.

표 11-2 아동의 안전사고 사망현황

	2005	2006	2007	2008	2009
계	755	642	538	508	440
교통사고	339	316	259	214	201
익사	156	78	78	78	62
추락	67	58	58	50	39
화재	19	42	7	19	10
중독	4	5	4	2	5
기타	170	143	132	145	123

* 출처 : 통계청, 2000.

도로에서의 상황

계단 및 난간에서의 상황

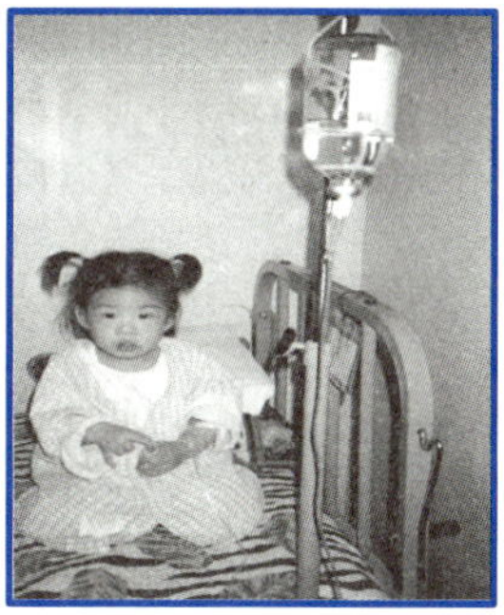

질병 및 감염 상황

그림 11-1 유아기의 질병 및 사고

2) 운동발달

유아는 성숙해 감에 따라 운동능력도 꾸준히 발달한다. 3세경에 유아들은 뛰다가 쉽게 방향을 바꾸거나 멈출 수는 없지만, 줄을 따라 똑바로 걷거나 달릴 수가 있으며 두 발로 깡충깡충 뛸 수도 있다. 4세경에는 한 발로 깡충깡충 뛰거나 이전보다 더 빨리, 멀리 뛸 수 있게 된다(Corbin, 1973). 5세경에는 능숙하게 놀이시설을 이용할 수 있으며, 작은 구멍이나 소근육을 자유롭게 움직일 수 있다. 남녀의 운동발달은 사춘기 이전까지는 큰 차이가 없지만, 여아가 키는 작지만 신체 근육이 빨리 성숙하고, 남아는 팔, 다리 근육의 사용능력이 더 발달하여 공 던지기나 계단에서 뛰기와 같은 활동을 능숙하게 할 수 있다.

표 11-3 주요 발달 과정

나이	성취능력
2세(24M)	· 걷고, 뛰고, 차고, 던지고, 점프하기 · 두세 문장으로 된 말을 사용, 간단한 질문, 아는 단어가 약 200개 · 병행놀이 형태 · 낮 동안에는 용변 시 표현 가능 · 불만을 언어로 표현
3세(36M)	· 한 발씩 교대로 층계 올라가고, 한 발로 뛰거나 균형잡기 · 혼자 음식 먹고 스스로 용변 보기 · 도움받아서 옷 입고 벗기, 혼자 몸 씻고, 이닦기 · 질문과 호기심이 많고, 질문에 대답 가능 · 자신의 이름을 말하고, 사진 속에서 자신의 얼굴 인식
4세(48M)	· 혼자 옷 입고 벗기, 이닦기, 도움받아 목욕하기 · 창의적 활동 : 색칠, 세밀화, 점토 빚기, 블록놀이 · 균형잡아 자전거타기, 달리기, 기어오르기 · 또래와 놀이 활동 가능 · 가장 작다, 가장 크다, 같다와 같은 수학개념 이해
5세(60M)	· 자기의 생각을 정확히 표현하며, 약 2,500~3,000단어 어휘 사용 · 아프거나 불쾌한 것을 언어로 표현 · 옷 입을 때 도움 없이 가능 · 성취에 대한 확신과 인정 요구 · 활동적, 역동적인 활동 즐기기 · 가위로 직선 따라 오리기
6세(72M)	· 책에 흥미를 느끼고 읽기 능력이 발달 · 성인으로부터 독립하려 하기 · 또래들과 우정 관계 형성 · 여러 사람들과 대화 즐기기 · 색과 모양에 따라 물체 분류하기

나이	성취능력
7세~8세 (84M~96M)	· 또래에게 인정받기 바라며, 친구들과 관계형성에 관심 · 다양한 호기심, 탐구에 흥미 · 성 정체성 명확 · 성취감에 의해 동기 부여 · 도덕적 판단능력이 나타나기 시작

(1) 대근육 발달

유아들의 머리쪽 상체가 점점 가벼워지고 무게 중심이 하체로 향하게 된다. 따라서 균형감각과 운동능력이 발달하여 처음에는 달리고(running), 뛰며(jumping), 깡총깡총 뛰며(hopping), 한쪽 발로 버티는 활동도 할 수 있다. 발 근육의 힘이 세지고, 팔과 몸통으로 공을 던지고 받거나, 자전거 타기, 매달리기 등을 할 수 있다.

이처럼 유아들의 대근육 능력은 계속해서 향상되어, 수영, 스키, 스케이트, 썰매, 춤, 두발자전거, 세발자전거를 통하여 잠재적 속도, 가역성, 회전능력을 인식하기 시작한다. 유아기가 끝날 무렵, 이런 모든 기술들은 더 빠르고 더욱 강하게 수행된다. 구체적으로 연령별 대근육 발달의 주요한 특징을 보면 다음과 같다.

- 3세 : 밀어주면 그네를 탈 수 있다.
  20cm 정도 높이에서 뛰어내린다.
  도움 없이 미끄럼을 탈 수 있다.

- 4세 : 발을 번갈아가며 계단을 내려올 수 있다.

30cm 높이에서 뛰어내릴 수 있다.
음악의 리듬에 맞추어 몸을 움직일 수 있다.

- **5세** : 미끄럼타기, 그네타기 등을 능숙하게 할 수 있다.
  50cm 높이에서 뛰어내릴 수 있다.
  음악의 리듬에 맞추어 몸을 움직일 수 있다.

(2) 소근육 발달

소근육은 유아기에 폭발적으로 발달한다. 눈과 손의 협응(coordination)인 감각기능과 운동기능의 협응을 수반한다. 소근육의 발달로 인하여 먹고 입는 것을 스스로 할 수 있어서(자조기술, self-help skills) 유아는 자신을 유능하고 독립적인 존재라고 인식하게 된다.

- **3세** : 주어진 그림 위에 스티커를 바르게 붙인다.
  작은 블록을 9개까지 쌓아올릴 수 있다.
  주어진 모양이나 선 위에 바르게 따라 그릴 수 있다.

- **4세** : 단순한 형태를 잘라서 풀로 붙일 수 있다.
  블록이나 레고로 간단한 모양판의 모양을 만들 수 있다.
  가위로 곡선과 직선을 자를 수 있다.

- **5세** : 자신의 이름이나 아는 숫자를 쓸 수 있다.
  잡지의 그림을 잘라 낸다.
  도움 없이 30-40개의 퍼즐을 완성할 수 있다.

그림 11-2 대 · 소근육 발달

표 11-4 건강한 유아의 특징

유형	특 징
신체적 특징	· 민첩하고 열성적이다. · 활동적이며 다양한 놀이를 즐긴다. · 놀이와 휴식을 구분한다. · 튼튼한 근육 조직이 발달한다. · 성장은 점차적으로 안정되며, 키와 몸무게가 증가한다. · 쉽게 피로해지지 않는다. · 숨결이 부드러워진다. · 다리와 등을 곧게 편다. · 유치가 고르게 자리를 잡았으며, 깨끗하고 충치가 없다. · 입술과 잇몸이 분홍색이고 튼튼하다. · 피부는 깨끗하고 눈은 빛난다. · 곧바르게 서 있는다. · 대근육이 잘 발달되어 있다. · 소근육이 발달하기 시작한다. · 눈과 손의 협응이 잘 된다.

유형	특 징
사회적 행동특징	· 열성적으로 참여한다 · 주변 환경에 호기심과 흥미를 가진다. · 스스로 여러 가지 활동에 참여한다. · 거의 항상 행복한 얼굴이며 친절하고 상냥하다. · 자신감이 발달하고 성공을 기대하며 실패를 극복한다, · 또래 친구 사이에서 책임을 서로 나눌 줄 안다. · 또래 친구들과 협동놀이를 한다. · 다른 사람의 물건을 함부로 만지지 않는다. · 다른 사람의 느낌을 이해할 수 있다. · 새로운 상황에 적응한다. · 또래들과 좋은 관계를 유지한다. · 협동놀이에 참여한다. · 어른과 또래 친구에게 자기의 생각과 느낌을 말로 표현한다. · 힘든 일이 생겼을 때 용기를 가지고 빨리 해결하려고 한다. · 자신을 억제하는 능력이 생긴다.
학습태도	· 주어진 일을 끝까지 완성한다. · 주의 집중 시간이 늘어난다. · 쉽게 좌절하지 않고 끝까지 일을 수행하려고 한다. · 때때로 독립적으로 일할 수 있다. · 호기심을 가지고 열심히 배우려고 한다. · 독창력, 창작력, 상상력이 나타난다. · 책임감이 생긴다. · 빠르게 반응하고 방향 감각도 생긴다. · 또래들과 함께 작업하면서 책임의 영역을 나눌 수 있다. · 새로운 도전을 받아들인다. · 적응 능력이 있다.

2. 인지 및 언어발달

인지발달(cognition development)은 연령과 함께 발달해 가면서 나타나는 주의, 지각, 학습, 기억과 사고 같은 정신적 · 인지적 활동의 변화를 말한다.

유아기 이후의 지각발달은 주로 주의력 발달로서 직면한 사건에 관한 적절한 정보를 수집하기 위하여 자신의 감각을 계획적으로 사용하는 능력이다. 따라서 이 시기에 도달하면 지적인 능력에서 개인차를 서서히 보이기 시작한다.

1) 지각발달

우리 주변에서 일어나는 것에 대한 즉각적 인식과정을 지각(Bower, 1980)이라고 한다. 눈, 귀, 피부 속 신경 등의 감각적 기제(sensory apparatus)는 지각적 도구로써, 이들 감각적 기제를 통해 주변 물체에 대해 시각적, 청각적, 미각적 정보를 갖게 되고 이러한 정보가 저장되었다가 우리의 지각체계의 활용을 지시하는 지식체계로 전환된다. 그러므로 지각은 의사소통에 선행되며, 지각한 것에 대한 의사소통의 결과로 학습이 이루어진다(이영자 외, 1999).

지각은 다음과 같은 두 가지 중요한 특성을 가지고 있다(Kemp & Dayton, 1985). 먼저, 어떤 지각적 사건이든 여러 감각적 메시지를 지니고 있다는 것이다. 즉, 지각은 특정 감각 하나로 이루어진 것이 아니라 여러 감각이 복합적으로 연결되어 나타난다는 것이다. 심상, 상징 등의 지각단위가 늘어나고 풍부하게 되어 지각의 내용을 상호관련적으로 이해하고 복잡하게 조직하게 된다. 이러한 유아기의 지각능력은 유아의 동기, 성격, 언어와도 관련을 맺고 있다.

(1) 지각이론

지각에 관한 이론은 지각이 생득적인지 후천적인지에 관한 논쟁이 계속되고 있다. 생득론은 지각이 인간의 신체 어느 부위에 구조화되어 있다는 견해로 지각의 기제가 경험 이전에 존재한다고 보는 견해이고, 경험론은 인간이 환경과의 상호작용을 통하여 지각이 발달하므로, 태어날 때의 지각의 백지상태가 외부와의 경험을 통해 발달한다고 보는 견해이다. 여기에는 피아제의 첨가론과 깁슨(Gibson)의 분화론이 있다. 이 두 입장은 서로 대립되는 것처럼 보이지만, 서로 보완적인 작용을 하면서 관련을 맺고 있다(안영진, 2006).

첨가론적 입장	분화론적 입장
· 유아는 사물을 볼 때마다 조금씩 더 학습한다. · 단순하게 보던 것을 되풀이함으로써 더 많은 것을 알게 된다. · 다른 사물과 비교, 대조하여 상호관련성 이해하게 된다.	· 외부세계의 경험 통해 사물의 특징 파악하게 된다. · 유아가 성장함에 따라 사물들의 특징 변별하게 된다. · 지각적 민감성 발달하게 된다.

(2) 지각의 유형

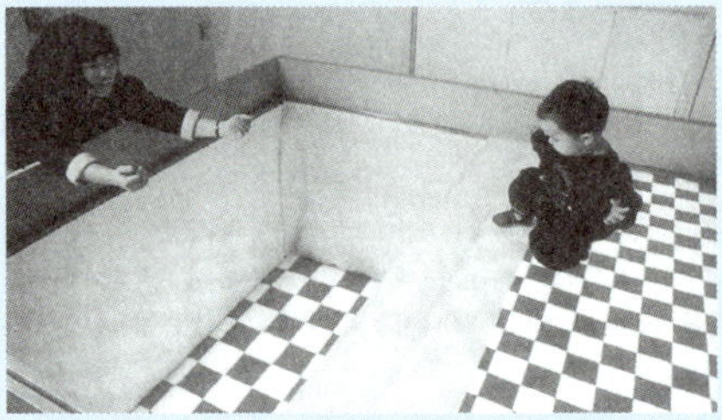

시각-깊이 지각인식(LAURA E. BERK, 2002)

전체와 부분 측정과제(Elikind, Koegler & Go, 1964)

그림 11-3 지각의 유형

표 11-5 지각의 유형

지각유형		내 용
①	공간지각	· 방향과 거리를 판단하는 지각 · 정확한 공간파악을 위해서는 거리, 장소, 대조능력, 방향감각 있어야 가능 · 블록, 접목, 자동차와 같은 놀잇감을 통해 공간지각을 익힘
②	형태지각	· 3세 이상 되면 사물에 관한 형태 지각 가능 · 직선보다는 원, 원보다는 구와 같이 차원이 높은 것일수록 판단이 정확해짐 · 5세 이상 되면 숫자, 알파벳 같은 복잡한 형태도 판별능력 생김 · 숨은 그림 찾는 능력도 연령 증가에 따라 서서히 발달함
③	전체 · 부분 지각	· 연령 증가함에 따라 미분화된 전체지각에서 부분지각으로 가능
④	시간지각	· 유아기 때 시간에 관한 지각은 미발달 상태 · 시간지각이 발달되려면 매일 생활에서 반복되는 경험의 계열별 체험이 중요 · 3세-4세경에 '어제', '내일'과 같은 말 사용 · 6세경에 과거, 현재, 미래에 관한 지각 확립되고, 일주일의 개념, 시계 보는 것 가능
⑤	무게지각	· 여러 가지 종류의 물체를 경험하게 됨에 따라 물체의 무게는 크기외에 재료, 구조와 관련이 있음을 알게 됨 · 3세-6세 사이 유아는 크기와 무게도 같아 보이는 두 물체를 분명하게 식별하며 차이 설명 가능
⑥	색채지각	· 유아는 특정색을 더 좋아함 · 색의 이름을 말하기 전에 색 구별 능력이 먼저 발달 · 색에 대한 지각능력은 남아보다 여아가 더 빨리 발달

(3) 지각에 영향을 주는 요인

① 유아의 연령 증가에 따라 선택적인 주의집중 현상이 나타나는데, 관련 없는 부분은 무시하고 주의를 기울이고자 하는 곳에만 주의를 집중한다. 이것은 지각한 것을 서로 관련짓고 종합적으로 체계화하려는 능력이 발달하기 때문이다.

② 유아의 언어능력과 지각능력도 서로 관련이 있다. 칭찬과 보상과 같은 사회적 인정 언어가 유아의 지각능력을 진전시킨다.

③ 유아의 지각능력은 물질, 비물질적 보상과도 관련이 있다. 보상은 동기를 강화시키는 효과가 있다.

④ 유아의 기질과 같은 개인적 성향도 지각발달에 영향을 준다.

2) 피아제 이론 : 전조작기

아동은 언어와 상징으로 세상을 표현하기 시작한다. 이러한 언어와 심상은 증가된 상징적 사고를 나타내고 감각적 정보와 물리적 행동의 연결을 넘어선다. 만 2세부터 7세까지의 시기에 해당하는 전조작기(preoperational stage)는 상징능력이 생기면서 시작되는데, 중심화 경향과 위계적 분류능력의 결여로 전조작기 특유의 한계를 드러낸다. 그래서 사고력에 있어서는 비논리적이며 자기중심적인 특성을 나타내며 어떤 사건이나 사물을 대할 때 사물의 두드러진 속성에 압도되어 두 개 이상의 차원을 동시에 고려하지 못한다. 이러한 직관적 사고의 한계로 보존개념, 유목포함, 서열화에 대한 개념습득이 어렵다.

보존 과제	최초제시	변 제
수	각 줄의 동전의 수는 같은가? 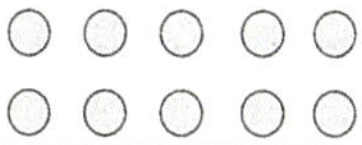	각 줄의 동전의 수가 같은가, 아니면 한 줄이 더 많은가? 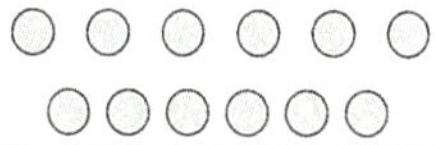
길이	두 막대기의 길이는 같은가? 	두 막대의 길이는 같은가, 아니면 한 쪽이 더 긴가? 
액체량	두 컵의 물의 양은 같은가? 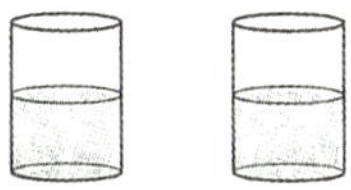	두 컵의 물의 양은 같은가, 아니면 한 쪽이 더 많은가? 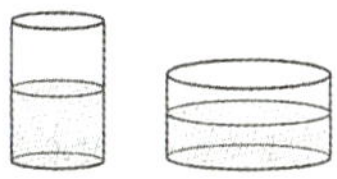
질량	두 공의 진흙의 양은 같은가? 	두 공의 진흙의 양은 같은가, 아니면 한쪽이 더 많은가? 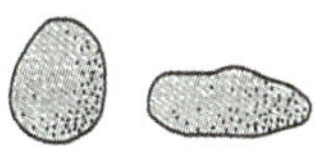
면적	두 마리의 소가 먹은 풀의 양은 같은가? 	두 마리의 소가 먹은 풀의 양은 같은가, 아니면 한쪽 소가 더 많이 먹었는가? 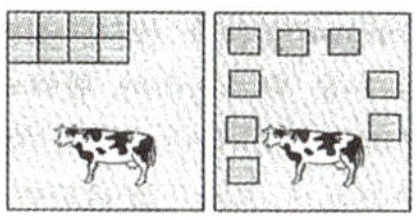
무게	두 유토덩어리의 무게는 같은가? 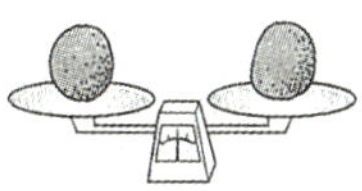	두 유토덩어리의 무게는 같은가, 아니면 한 쪽이 더 무거운가? 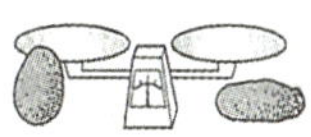
부피	두 유토덩어리를 물에 넣으면 두 컵의 물의 높이는 같겠는가? 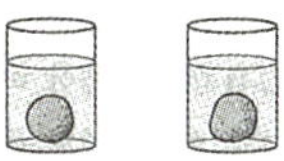	두 유토덩어리를 물에 넣으면 어떤 컵의 물이 더 높아지겠는가? 

그림 11-4 구체적 조작기 동안의 수, 길이, 양 등의 보존개념 획득

* 출처 : 박신자, 2000.

(1) 상징적 표상능력

상징적 표상능력(symbolic representation)이란 과거와 현재의 사건이나 경험 혹은 개념을 나타내기 위하여 행위와 심상, 단어 및 그 외의 다른 기호나 표시같은 다양한 상징을 사용하는 능력을 의미한다. 여러 가지 상징들 중에서도 언어와 상징놀이(symbolic play)의 발달은 전조작기로의 이행을 신호하는 가장 강력한 상징적 표상능력의 획득으로 간주된다(Flavell, Miller & Miller, 2002).

1 상징놀이

상징놀이는 전조작기 사고의 특징을 가장 잘 나타내는 유아의 전형적인 표상기술이다. 피아제는 유아가 '~인양, ~인 체'하는 모방 행위를 통해 이미 획득한 표상의 틀을 연습하고 강화시킨다고 하였다. 유아들은 블록을 가지고 전화기처럼 들고 통화하는 흉내를 내거나, 토끼나 강아지 같은 동물의 흉내를 내거나 나무막대를 가지고 면도하는 아빠의 모습을 흉내내면서 하나의 놀이계열 속에 여러 가지 활동이 포함됨으로써 풍부하고 상징적인 놀이형태로 변화하게 된다.

상상의 놀이친구를 창조해서 놀이를 하는 것은 가장 세련된 형태의 상징놀이라고 한다. 주위에 아무도 없을 때 상상의 놀이친구는 유아가 내적 감정을 털어놓는 대상이 되기도 하고 비행을 저지른 후 책임을 떠맡는 속죄양이 되기도 한다. 이처럼 상징적 표상능력의 발달은 다양한 방식으로 아동의 인지발달을 촉진시키고, 타인의 감정이나 관점에 민감하게 반응하여 자아중심적 사고에서 사회중심적 사고로 이동하게 한다(장휘숙, 2008).

2 중심화

중심화(centration)란 여러 요소들이 관련되어 있는데도 불구하고 물체의 한 요소에만 집중하는 경향을 말한다. 전조작기 유아들은 사물과 사건을 표상하는데 아직까지 불완전하고 부정확하여, 현재 보고 듣는 것을 바탕으로 사고하기 때문에 중심화 경향을 나타낸다.

그림 11-5 세 산 실험(Shaffer, 1996)

• 자아중심성 : 자아중심성(egocentrism)이란 이기적이거나 분별력이 없다는 의미가 아니라 단지 그들의 상징적 견해가 자기중심적이라는 것이다. 아빠와의 전화통화 상황에서 유아가 대답해야 할 때 목소리 대신 고개를 끄덕이

는 행동을 말한다.

피아제는 자아중심성에 대한 실험으로 '세 개의 산' 모형실험을 하였다. 인형을 맞은 편에 세워두고 유아 앞에 서로 다른 색깔이 칠해진 산 모형을 놓고, 하나에는 빨간 십자가, 다른 것에는 작은 집, 세 번째 산에는 눈 덮인 정상이 칠해진 산을 보여줬다. 전조작기단계 유아들은 인형의 입장이 아니라 자기중심적으로 대답한다. 인형의 조망에 맞춰 눈 덮인 산의 사진을 고르지 못하고 단순히 자신의 위치에서 보이는 사진을 선택했다. 피아제는 유아의 자아중심성 극복은 약 8세 이후에 가능하다고 하였다. 유아들의 자아중심성은 공간적 문제를 해결하는 과제에서만 나타나는 것이 아니라 사회적 상황에서도 타인의 입장이나 관점을 고려하지 못하는 자아중심적 사고와 행동을 한다.

- **물활론적 사고** : 전조작기 유아의 자아중심성은 물활론적 사고(animistic thinking)의 기초가 된다. 물활론이란 무생물도 생명과 의식이 있는 존재라는 생각을 갖는 것이다. 자신이 갖고 놀던 곰인형이 바닥으로 떨어지면 '아프겠다'라고 말한다. 이러한 생각은 주관과 객관이 미분화되어 있어 유아의 마음 속 내면과 외계와의 구분이 충분하지 않기 때문이며, 자기중심성의 반영이라고 보았다.

- **직관적 사고** : 직관적 사고(intuitive)란 현저한 지각적 특징에 의해 가장 크게 영향을 받는 것으로 사물의 두드러진 속성에 압도되어 두 개 이상의 차원을 동시에 고려하지 못하는 것을 말한다. 이 시기의 유아는 개념형성이 발달해 가지만 사고는 논리적 수준까지는 이르지 못하고 있다. 똑같은 크기의 밀가루 반죽으로 동그라미를 만들어 보여주면 '같다'라고 대답하지만, 한 개를 납작하게 눌러서 형태를 크게 만들어 놓고 물으면 납작한 동그라미가 더 크다고 대답한다. 그것은 '더 넓고, 더 길기 때문'이라고 한다.

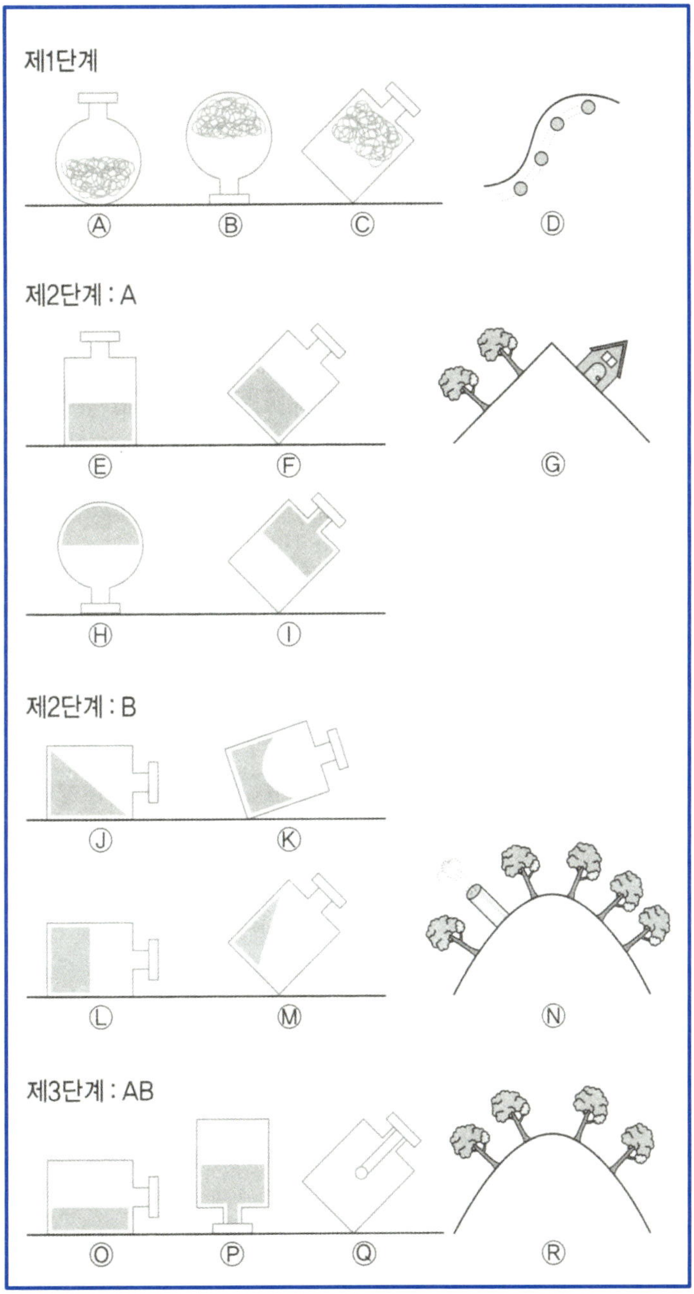

그림 11-6 수평 · 수직개념 발달단계(Piaget & Inhelder, 1956)

3 수평개념

피아제는 수평개념 발달을 보기 위하여 색이 있는 물을 1/4쯤 채운 목이 좁은 직사각형 병과 둥근 병을 사용하였다. 유아에게 병을 기울이거나 눕힐 때 물의 위치를 예상하여 손가락으로 지적하거나 그림을 제시하여 표시하도록 하였다. 4-6세 유아는 병 안에 있는 물을 그려보라고 하면 수면을 수평선으로 또는 직선으로 그리지 못하고 물이 덩어리로 모여 있는 것 같이 나타낸다. 결국 병 속에 물이 있다는 개념을 그린다. 7-8세 유아는 병의 기울기에 관계없이 물의 수준을 병의 밑면과 평행한 선으로 나타낸다. 따라서 이 시기는 아직 수평의 개념이 완전하지 않다.

4 수직개념

피아제는 수직개념 획득과정을 연구하기 위하여 유아 앞에 모래산을 쌓아 마주하게 하고 산에 나무를 심었을 경우 어떤 형태로 나무들이 심어져야 하는가 또는 추를 매달 때 병을 여러 각도로 기울인 상태에서 추의 위치를 예상하게 하는 것 등으로 수직개념 발달과정을 분석하였다.

3) 비고츠키의 사회문화이론

사회문화이론(sociocultural theory)은 문화와 사회적 상호작용이 어떻게 인지발달을 이끄는지를 강조하는 이론이며, 유아는 사회적이고 문화적인 활동들로부터 분리할 수 없다고 하였다. 유아기의 급격한 언어 발달이 자신보다 지식이 많은 타인과의 언어적 상호작용을 가능하게 하며, 이런 타인과의 상호작용이 유아가 사회문화적으로 중요한 과업들을 수행하도록 돕는다.

(1) 사적 언어

비고츠키는 유아들이 사회적 의사소통을 목적으로 뿐만 아니라 자기 규제적인 방식으로 자신의 행동을 계획, 조정, 감시하기 위해서도 언어를 사용한다고 주장하였다. 예를 들어 큰 소리로 자신에게 이야기하듯 "자동차가 어디에 있지? 아, 여기에 있구나."와 같이 자신의 규제를 위하여 사용하는 언어를 내적 언어(inner speech), 사적 언어(private speech)라고 한다. 유아의 혼잣말을 자아성찰, 문제해결, 회상, 기억, 주의집중 등의 보다 고도의 정신작용을 위한 토대로 간주하였다. 비고츠키의 견해로 사적 언어는 자신을 규제하고 지도하기 위한 것이며, 유아발달에 있어 긍정적 역할을 한다(Winsler, Diaz, & Montero, 1997).

(2) 근접발달영역(zone of proximal development)

근접발달영역이란 유아가 혼자 도달할 수 있는 실제적 발달수준과 유아보다 유능한 사람의 도움을 받아 도달할 수 있는 잠재적 발달수준 간의 차이를 의미한다. 유아의 잠재적 발달수준은 다른 사람의 가르침을 통해서 나타내는 능력수준이다. 근접발달영역은 유아의 지적 발달이 유아 자신보다 인지적으로 유능한 사람들과의 사회적 상호작용을 통해서 어떻게 일어나는지를 시사해 준다. 좀 더 숙련된 또래들이 유아로 하여금 문화적으로 유용한 활동을 배우도록 도와주는 과정에서, 이들 사이의 의사소통이 점차 유아 사고의 한 부분이 된다고 한다.

상위한계
유아가 성인이나 또래로부터 도움을 받아 도달할 수 있는 추가 책임 수준

근접발달영역(ZPD)

하위한계
유아 혼자서 작업할 때 도달할 수 있는 문제해결 수준

그림 11-7 비고츠키의 근접발달영역

4) 언어발달

유아기에는 자발적 대화가 싹트는 시점이다. 사회적 자아개념이 생기는 30개월 이후에 유아들은 마주한 사람의 얼굴표정과 말소리에서 자신의 존재감을 느끼고, 용기를 얻게 되고 정보를 구성하며, 확장할 수 있는 기회를 갖게 된다. 3세 이후 유아들이 누군가와 이야기를 나눌 수 있는 것은 한 인간으로서 개인적 자아, 사회적 자아가 유아 스스로의 존재감을 확립하게 하고, 기쁨을 느끼게 하는 중요한 방법인 것이다. 더 나아가 3세 이후 유아들은 왜, 누가, 언제, 어디서, 무엇을, 어떻게 등의 6하원칙의 질문들을 자주하게 되는데, 이 시기의 유아들은 질문의 형태가 어떤 형태가 오고가는지에 관해 흥미로워하며, 마주하고 있는 어른들이 유아의 질문에 수용적, 반응적으로 상호작용해 줄 때 대화의 즐거움을 느끼게 되는 것이다(강순미, 2007).

즉, 언어란 인간을 동물과 구별시켜 주며 인간의 정신활동에 중요한 역할을

하는 것이며, 동물처럼 한정된 내용과 방법만으로 전달하는 것이 아니라 융통성 있고 생산적이며 창의적인 도구이다. 언어발달은 유아기 발달의 가장 큰 특징 중의 하나이며, 출생 후 10개월까지는 의미 있는 단어의 출현이 나타나지 않다가 5-6세경에는 성인의 언어를 습득할 정도까지 발달한다.

(1) 언어획득 이론

1 행동주의적 관점

행동주의적 관점에서는 주로 모방과 강화를 강조한다. Skinner(1957)는 문법적인 언어에 강화를 받음으로써 유아들은 적절하게 말하는 것을 배우게 된다고 주장하였다. 그는 영아가 성인의 언어와 비슷한 옹알이를 시작했을 때 이를 성인들이 선택적으로 강화해 줌으로써 유아에게 언어를 가르치기 시작한다고 보았다. 유아의 언어가 옹알이에서 단어로 바뀌기 시작하고 단어가 올바로 나타날 때 다시 성인이 강화를 해 주는데 이러한 방법으로 점차 늘려 긴 문장의 발화를 이끌어 가는 것이 언어발달이라고 한다. 유아가 성인과 같이 말할 수 있을 때까지 적절한 문법을 갖춘 발화에 대해, 점진적 접근에 의한 강화를 통해서 유아에게 언어를 가르치는 것이다.

유아들이 성인의 언어를 모방하려 할 때 문법수준에 맞게 압축하는 경향을 보이며, 자발적으로 할 수 있는 문장보다 더 간소한 것이거나 더 복잡한 문장은 모방하지 않는다고 한다. 따라서 이 경우에도 모방은 유아가 자기 스스로 배워 나가고 있는 언어발달수준에서 보강기능을 해 주는 것이다.

2 생득주의적 관점

생득주의적 관점은 인간에 가까운 동물이라고 해도 인간과 똑같은 언어를 배우는 능력이 없으므로 언어를 인간의 종 특유의 현상으로 보는 것이다. 이는 당시 많은 과학자들이 영장류에게 인간의 말소리처럼 다양한 소리를 가르치는 실험을 했으나 매우 단순한 어순 밖에는 할 수 없었다는 결과에서도 알 수 있다.

생득주의자들은 언어적 보편성과 영유아의 발달적 유사성에 주목하였는데, 영어를 쓰는 아이나 중국어를 쓰는 아이 모두 옹알이를 거쳐 1세경 첫 단어를 말하고, 18개월경 두 단어를 사용하기 시작한다는 것이다. 이러한 언어의 보편성과 발달적 유사성은 생득적인 언어습득기제의 존재를 가정하게 하였다(Owens, 2001).

3 상호작용주의적 관점

상호작용주의적 관점은 언어발달에 있어 환경적 요인이나 유전적 요인 중 어느 하나를 중요시하는 것이 아니라 생물학적 요인과 환경적 요인이 상호작용하며 영향을 준다는 이론이다. 일반적으로 언어와 인지의 관계에 관한 이론은 피아제, 비고츠키, 워프 등 세 가지 입장으로 나누어 볼 수 있다. 피아제는 인지가 언어에 영향을 미친다고 본 반면, 워프는 언어가 인지에 영향을 미친다고 생각했다. 비고츠키는 인지가 언어보다 선행하지만 다시 인지는 언어적 구조에 의해 영향을 받는다는 입장을 취하고 있다.

상호작용주의적 이론의 초점은 선천적인 언어획득 기제의 작용이 아니라 일반적 인지발달이라는 점 그리고 모방이나 강화가 아니라 사회적 의사소통 요인을 강조한다는 점이다. 유아의 대화 상대가 중요한 역할을 한다고 보았고, 대화 상대자는 계속해서 새로운 개념과 언어적 원리를 유아의 이해수준에 맞게 제시함으로써 유아의 언어적 표현을 돕는다고 보았다(Sokolov, 1993).

표 11-6 언어발달에 대한 여러 가지 접근법

이론	언어발달의 요인	언어발달의 기초	연구의 강조점	언어의 중요성
행동주의자	환경적	학습과정	표면적 구조	최소
생득주의자	유전적	언어획득기제	심층적 구조	최대
상호작용주의자	상호작용적	인지적 과정	표면적 · 심층적 구조	심층

* 출처 : Hughes & Noppe, 1985.

(2) 의사소통기술 이론

유아들은 성인처럼 복잡한 문장을 말할 수 있고, 전보문 시기에 생략되었던 관사, 조동사, 어미변화 등의 문법적 형태소가 문장에 포함될 뿐만 아니라 의문문이나 부정문도 나타난다. 또한 말하는 사람의 진정한 의미가 표현된 말과는 차이가 있다는 것을 이해하고, 의사소통을 효율적으로 하기 원하면 말하고자 하는 내용을 듣는 사람에게 맞추어야 한다는 것을 배우게 된다.

1 어휘

2세경 유아는 200단어의 어휘를 구사하고, 5세경에는 약 2,500개를 획득한다. 유아들은 동일한 상황에서 만나게 된 2개 이상의 단어들도 빠르게 익힐 수 있다.

유아기의 어휘를 능동적 어휘와 수동적 어휘로 구분하는데, 유아가 자발적으로 실제 사용하는 어휘를 능동적 어휘라 하고, 알고는 있으나 자주 사용하지 않는 어휘를 수동적 어휘라고 한다. 유아기에는 대체로 능동적 어휘수가 수동적 어휘수보다 적다고 한다. 또한 유아는 추상적 의미의 어휘보다 구체적 의미의 어휘를 더 빨리 획득하고 더 많이 사용한다. 즉, 유아는 구체적인 사물을 지칭하는 어휘는 쉽게 획득하지만, '더 많다', '더 적다', '더 크다', '더 작다'와 같은 비교급은 획득하기 힘들고, 또 유아기 초에는 전과 후라는 어휘의 의미를 이해하지 못하며, 두 단어를 구별하지 못한다(유안진, 2001).

2 문법

문법이란 단어들을 조합하여 의미를 갖는 문장들을 만들어 내는 것을 의미한다. 유아가 문장 구성의 법칙을 알게 되면서 의미를 더욱 효과적으로 전달하기 위한 문장 안에서의 작은 변화들을 이해할 수 있게 된다. 복수 형태와 전치사의 사용을 이해하며, 과거, 현재, 미래와 같은 시제 사용까지 가능하다(Brown, 1973).

3.5세경이면 유아들은 많은 문법적 규칙에 관해 알게 되며 그것들을 일단 사용하기 시작하면 예외의 경우에 있어서도 규칙을 적용하는 실수를 범하는데 이를 과잉규칙화 현상(overregularization)이라 한다.

3세에서 6세까지는 실수를 범하기도 하지만 복잡한 문법구조까지도 습득하여 대부분의 문법규칙들을 사용하고 있음을 알게 된다.

3 대화

어휘와 문법에 관한 지식의 습득 이외에 유아는 대화 순서를 지키고, 대화의 주제에 머물며, 분명하게 메시지를 전달하고, 사회적 상호작용을 위한 사회문화적 규칙을 따르는 등의 타인과의 대화에 적절하고 효과적으로 참여하는 것을 학습하여야 한다. 이런 언어의 실제적 측면을 어용론(pragmatics)이라 한다(Berk, 2007). 유아기 초기에 대화 상대자의 말에 적절히 응하며, 대화 순서를 잘 따른다.

4세경 유아는 이미 대화 상대자의 연령, 성별, 사회적 지위에 따라 언어적 표현을 달리한다. 예를 들어, 손 인형을 갖고 역할 놀이를 하는 경우 선생님이나 의사, 아버지와 같은 남성적이며 권위적인 역할을 수행할 때 그들은 보다 명령적 표현을 사용한다. 반면에 학생, 환자, 어머니와 같이 여성적이며 덜 권위적인 역할을 수행할 때는 정중하며 우회적 표현들을 사용한다(Anderson, 1992).

그림 11-8 유아의 의사소통 기술

3. 정서 및 사회성 발달

유아기의 정서는 영아기에 비해 더욱 분화 · 발달된다. 5-6세 사이에 성인과 비슷한 복잡한 정서로 분화하게 된다. 유아는 주변 환경을 통해 성취감과 자기능력감을 경험하면서 주도성을 발전시키고, 자아개념을 형성하며, 자신의 성에 대한 고정적 관념을 갖게 되는 성 정체감이 발달하게 된다.

1) 기본적인 정서

(1) 공포

여아들은 남아들보다 불확실한 상황에서 더 불안해하거나 두려워한다. 또

여아들은 그러한 상황에서 더 조심성이 있고 남아들보다 위험을 감수하려 하지 않는다(Ginsburg & Miller, 1982). 유아들의 공포는 과거 경험과 관련되어 나타나는 경우가 많다. 3세 유아는 시각적인 것에, 4세는 이유없이 특별한 대상에 대해 두려움을, 5세에는 구체적인 대상에 대해 무서움을 보이며, 6세가 되면 다시 공포심이 강해지는데 이것은 성장하면서 접촉하는 세계가 넓어지고 인지구조가 발달하면서 공포의 대상도 증가하기 때문이다.

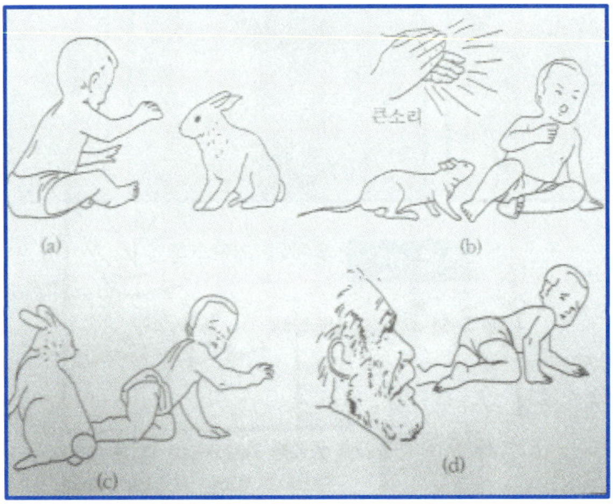

그림 11-9 공포의 조건화 일반화

(2) 분노

분노의 감정은 욕구의 좌절 때문에 일어난 경우가 많다. 생후 1~2년 사이에 최고조에 있다가 나이가 들수록 줄어든다. 심리적 영향을 많이 받는데 대 · 소변을 가릴 때 자주 나타나며, 식전과 아플 때 자주 나타난다. 유아의 분노 표출을 조정하기 위해서 성인은 유아의 요구에 일관성 있게 대처하는 것이 중요하며, 잘 놀고 잘 쉴 수 있게 해 주며, 분노의 감정을 포용력과 사랑으로 수용하여 공격성이 나타나지 않도록 해야 한다.

(3) 불안

유아들에게 불안의 감정은 부모와 격리, 익숙한 것에서 멀어진 낯선 환경, 새 아기의 출현 등이 주된 원인이 된다. 불안의 반응으로는 울음, 안절부절, 야뇨증과 같은 증상을 보인다.

(4) 애정

애정은 혼자만의 감정으로 성립되는 것이 아니라 타인과의 감정교류로 생기는 것이다. 양육자에게서 애정을 가장 먼저 느끼고, 점차로 가까운 사람에게 확장시켜 나간다. 3세경에는 또래와 놀면서 애정을 갖기 시작하고, 4-5세경이 되면 자기보다 어린 아이를 귀여워하고 보살펴 준다.

(5) 공격성

2세에서 5세 사이 유아들의 공격성은 특정 장소를 차지하거나 놀잇감과 관련된 싸움이 주요인이다. 공격성은 대부분의 사회적 놀이에서 표면화되며, 가장 많이 싸우는 아동이 가장 사교적이고 경쟁적인 경향이 있다. 이것은 공격성을 나타내는 능력이 사회적 동물로서의 인간발달에서 필연적인 수단임을 의미하는 것일 수도 있다. 아동들이 신체적으로 더 강하게 되고 실제적인 해를 더 가할 수 있게 되어감에 따라 보다 안전한 대안으로 언어적 기술을 사용하게 된다. 6-7세 이후가 되면 자기중심성 대신 감정이입이 발달하면서 공격성이 감소하게 된다. 타인을 이해하게 되고 긍정적인 방식으로 사람을 대할 수 있게 발달한다. 그러나 모든 유아들이 공격성의 통제를 배우는 것은 아니다. 더 파괴적이 되는 유아도 있다(박성연, 1991).

(6) 행복

3-4개월경에 처음 나타나는 웃음은 정보 처리가 미소보다 더 빠름을 반영한다. 미소와 마찬가지로, 첫 번째 웃음은 부모가 장난치고, 간지럼 태우는 자극에 대한 반응으로 나타난다. 아기가 자신이 사는 세상에 대해 더 많이 이해하게 되면, 조용한 까꿍놀이와 같은 미묘한 놀람의 요소를 가진 사건들에도 웃게 된다(Sroufe & Wunsch, 1972). 낮은 연령의 유아들은 즉각적이고 신체적인 만족에 행복을 얻게 되지만, 연령이 높아질수록 지연적이고, 즐거움 같은 정신적 사고를 통해 얻게 되는 행복으로 확대된다.

2) 정서의 기능

유아들은 언어로 자신을 정확히 표현할 수 없으므로 정서 표현이 갖는 기능은 매우 중요하며 성인의 정서 기능과 다르다. 정서의 다양한 기능은 다음과 같다.

표 11-7 정서의 기능

	정서의 기능
1	생존을 돕는 적응적 기능 : 무서운 동물로부터 느끼는 공포는 위험으로부터 벗어나도록 동기유발시킨다.

	정서의 기능
2	의사소통의 수단 : 슬픔, 기쁨, 화났음에 대한 메시지를 전달한다.
3	사회적 관계 : 애착, 사회적 유대형성, 타인과 거리를 유지하는 기초가 되는 역할을 한다.
4	동기 유발적 기능 : 어머니의 학대로 모든 여성에게 적대감 갖는 것과 같이 강력한 동기유발자인 정서는 행동에 영향을 미친다.
5	도덕성 발달에 영향 : 잘못에 대한 인식으로 시작되는 도덕성 발달에 영향을 주고, 옳은 행동에 대한 기대가 무너졌을 때 경험하는 죄책감에 중요한 역할을 한다.
6	기쁨이나 고통의 근원 : 즐겁고 행복하다고 느끼는 유아는 긍정적 감정을, 분노와 혐오, 공포를 느끼는 유아는 부정적 정서를 갖게 되어 혼란스러운 감정을 생성한다.

3) 사회성 발달

유아들은 나이가 들어가면서, 사회적 상황마다 기대되는 바와 책임져야 할 일이 있다는 것을 점차적으로 알게 된다. 예를 들어 장소에 대한 의미를 획득해 나가는 과정에서, 아주 어린 유아는 교회, 식료품 가게, 안방 모두를 자유롭게 탐색하고 놀이 할 수 있는 장소로 정의한다. 그러나, 이러한 정의가 다른 사람들이 내린 정의와 갈등을 일으키게 되면서, 유아들은 점차 상황들간의 차이를 구별하기 시작하고 적응 행동을 하게 된다. 유아들은 다양한 상황에서 그들이 지켜야 할 책임이 무엇인가를 바로 인식하게 될 때 적응 행동을 하게 된다. 상황마다 주어진 자신의 책임을 확인하면서, 유아는 점차로 다른 사람들에게도 그와 같은 책임 수행을 기대하게 된다(박찬옥 · 지성애, 1996).

(1) 또래관계

또래관계는 성인과의 관계에서 얻을 수 없는 다른 경험의 기회를 제공한다.

또래집단 속에서 사회적 기술, 자기 이해, 유아들 간에 속하게 되는 집단 의식을 기를 수 있다. 우정을 어떻게 만들고, 유지하고, 깨뜨리는지를 배우며, 집단에서 생존하기 위해 협상의 기술과 갈등 해결 기술을 습득한다. 또래를 직접적으로 가르칠 수는 없지만, 또래를 관찰함으로써 배운다. 또한 자신의 행동에 대해 다른 사람으로부터 의견을 청하기도 한다. 이처럼 또래관계는 기술을 가르치고, 정체감을 부여하고, 소속감을 제공하기에 중요하다.

(2) 사회화의 형태

유아가 성장하면서 보여주는 사회적인 행동에는 비사회적인 행동이 더 많음을 알 수 있다. 유아의 사회적인 행동양식은 다른 아동과의 관계를 성공적으로 유지하려는 적극적, 사회적 행동과 소극적, 비사회적 행동으로 구별, 전자는 협력적, 실용적, 우호적, 동정적 행동 등이 포함되며 후자는 비협력적, 공격적, 반항적, 적대적, 경쟁적 행동이 포함된다.

사회적 행동 형성의 기초로서 공통 의식이라는 것이 있는데 이러한 공통 의식은 성원 간의 공동목적과 욕구에 대한 이해가 그 내용이 되며, 서로 협동하고 계속적인 활동으로서 강화되어 간다(안영진, 2006).

제 12 장

아동기 발달

1. 신체 · 운동발달
2. 인지발달
3. 언어발달
4. 정서 및 사회성 발달

초등학교에 입학하는 아동기는 7세-12세 사이로 발달에 있어서 급진적인 진보를 한다. 이 시기를 아동중기(middle years)라 부르는데, 이것은 유아기의 요란스러움과 청년기의 격변 사이의 상대적인 평온기임을 상징하고, 학령기(school years)라고 부르는 것은 학교에서 가르치는 것과 유사한 체계적인 학습을 아동이 다소 할 수 있을 정도로 정신적 성숙에 관심을 둔 것이다. 그리고 또래놀이기(gang age)라고도 하는데 또래 집단과의 동일시, 또래와 관계의 중요성을 강조하기 때문이다(이재연, 1988). 이 시기에 키가 커지고, 체중이 증가하며, 체력이 강해지고, 새로운 기술과 개념을 알게 되어 지적 · 신체적 성장을 하게 되는 통합의 시기이므로, 생활의 중심도 가정에서 학교로 옮겨감에 따라 다양한 사회적 관계를 형성과 사회인의 기초를 닦는다. 사회가 요구하는 도덕 판단도 획득해야 하며 양심도 발달시켜야 한다.

1. 신체 · 운동발달

1) 신체발달

아동기 동안 신체 발달은 천천히, 일정한 속도로 진행된다. 이 시기는 학교에서 긴 시간을 보내고 도전적인 과업을 해결할 수 있는 정신력과 신체적 성숙기에 도달하기 전에 배울 수 있는 시간을 부여한다.

(1) 신체적 성장

아동기에는 하체가 가장 빠르게 성장하기 때문에 남아와 여아 모두 유아기보다 다리가 더 길어 보인다. 몸통이나 팔 · 다리가 가늘어지고 가슴은 넓어지며 머리 크기는 자신의 키의 1/7-1/8 정도로 성인의 모습과 점차 비슷해지고, 1년에 평균 5.5㎝씩 키가 자란다. 초기에는 남아와 여아의 성별 차이가 별로 보이지 않다가 사춘기가 되면 2차 성징이 보여 남아와 여아 간에 뚜렷한 차이를 보인다.

우리나라 여아의 초경 경험은 만 12세에 14.1%, 13세에 36.9%, 14세가 30.8%, 15세가 12.0%로 나타나서 94% 여아가 12-15세에 초경을 경험한 것으로 보고되고 있다. 남아의 몽정 경험은 13세에 17.0%, 14세에 29.9%, 15세에 30.2%, 16세에 12.2%로 나타나 남학생의 90%가 13-15세에 몽정을 경험하는 것으로 보아 2차 성징인 초경 · 몽정이 나타나는 시기가 여아가 남아보다 1-2년 빠른 것을 알 수 있다(아동발달백서, 2001).

6-12세 사이에 영구치가 나오며, 신체가 성인의 모습으로 변한다. 여아들은 허리가 커지고 남아들은 어깨가 넓어진다. 얼굴도 아동의 모습을 벗어나면서 이마도 나오기 시작하고 코와 턱이 발달하며 입술이 커지면서 어른다운 모습이 나타난다. 신체발달은 유전적, 환경적 요인에 의해서 영향을 받기 때문에 충분하고 균형적인 영양을 섭취해야 한다.

최근 비만 아동이 급속도로 증가하고 있다. 비만 아동은 정상 체중 아동보다 낮은 자아 존중감을 나타내며 자신에 대한 부정적 상은 또래로부터 놀림이나 괴롭힘을 경험하는 경우가 허다하다(박응임 외, 2005).

(2) 신체적 발달의 영향

아동기 신체적 발달에 영향을 미치는 요인은 다양하지만 건강상의 문제가 가장 중요하다고 할 수 있다.

그림 12-1 아동기의 신체적 성장

1 시각과 청각

아동기는 학교를 다니는 시기이므로 학령기 말이면 거의 25%의 아동들이 근시가 되는데 성인기 초기가 되면 60%로 증가한다. 근시에는 유전이 작용한다. 일란성 쌍생아들이 이란성 쌍생아들보다 근시를 더 많이 공유한다(Pacella et al., 1999). 근시는 시각 구조의 미성숙, 눈의 느린 성장, 잦은 눈병의 결과일 수 있다.

귀에 생기는 질병은 아동기가 되면 중이의 감염이 줄어든다. 그러나 감염되었을 때 적절한 치료를 놓치게 되면 영구적으로 청력을 잃을 수도 있다. 정기적인 검진이 최선이다.

2 비만

나이, 성별, 신체적 성장을 기초로 해서 평균 체중의 20%를 넘는 경우 비만(obesity)이라고 한다. 비만 아동의 경우 적어도 한쪽 부모가 비만일 확률이 높으며, 사회경제적 지위가 낮은 가정에서 흔하며, 몸무게가 급성장한 경우 부모의 잘못된 식습관에서 시작될 수 있다. 비만아동은 외적 자극인 맛, 냄새, 시각에 따라 먹는 것을 결정하며 또래보다 신체적 활동을 덜 하는 경향이 있다. 또한 TV를 보는데 많은 시간을 보내는 아동은 비만이 될 확률이 높다.

3 영양실조

아동기는 활동이 활발하기에 균형 있고 충분한 영양이 제공되어야 한다. 친구와 놀이를 하고, 활동에 몰입하다 보면 식사시간을 지키기 어렵다. 균형잡힌 식사와 간식은 아동에게 집중력을 높여 주고, 기분을 좋게 한다. 따라서 부모나 성인은 아동들과 함께 식사시간을 갖고 건강한 식생활을 강조해야 하며, 과일이나 채소를 많이 섭취하게 하여 불충분한 영양은 없는지 자주 확인하여야 한다. 이러한 조건이 충분하지 못했을 때 아동은 영양실조에 걸릴 수 있다. 영양실조에 노출된 아동은 신체적, 정신적 손상을 입게 되어 학업이나 사회생활을 영위하는데 어려움을 겪게 된다.

4 질병

현재는 드러나지 않는 만성 질병을 가지고 있는 아동의 경우, 성장해감에 따라 심각한 합병증이 나타날 수도 있다. 일반적으로 만성 질병은 그 증상과 징후가 다른 급성 질환보다 확실하게 나타나는 것이 아니므로, 자각 증상을 느끼지 못할 수도 있다. 우선, 알레르기는 효과적으로 치료할 수 있지만 알레르기 증상이 있는 아동의 50% 이상이 정상적인 진단을 받지 못한 상태로 방치되고 있다(미국알레르기 천식면역학회, 2000). 알레르기를 일으키는 물질의 유형과 종류도 정기적으로 변화한다. 그러므로 잠시 알레르기가 없어지는 징조를 보일 수는 있지만 시간이 지나면 다시 문제가 될 수 있다. 천식은 점차적으로 수백만 명의 아동들 건강에 영향을 주는 심각한 문제가 되고 있다. 꽃가루, 동물의 비듬, 먼지, 곰팡이, 향수, 페인트, 오존과 같이 공기를 통해 전염되는 것과 호두, 밀가루, 우유, 계란과 같은 특정 음식을 통해서 발생한다. 간접흡연이나 스트레스, 기온의 변화도 원인이 되는데, 천식의 증상은 재채기, 기침, 호흡곤란 등을 동반한다. 천식을 치료하는 것은 천식을 일으키는 원인을 알아내서 제거하는 것이다. 주의력결핍장애(ADD-Attention Deficit Disorder)는 에너지가 넘치고, 호기심이 많고, 참을성이 없으며, 침착하지 못한 특성이 있다. 아동의 실제 연령에 비해 근육 활동이 지나치게 많으며, 주의집중 시간이 짧고, 충동적인 행동이 빈번하게 반복된다. 운동신경이 둔하고, 잠을 잘 이루지 못하며, 길거리를 뛰어다니는 위험한 행동을 하면서 그 결과를 예측하지 못한다. 아직까지 그 원인은 정확히 밝혀지지 않고 있는데, 유전적 요인, 임산부 흡연과 알코올, 바이러스 감염, 설탕이나 음식 첨가물, 환경 호르몬 등이 원인이라고 연구되고 있다.

5 사고

사고란 계획하지 않았거나 기대하지 않았는데도 불구하고 일어난 사건을 말한다. 이러한 사고예방은 끊임없는 주의와 안전 훈련만이 최선의 방법이다. 상해에 의한 사망은 아동기 중기부터 청소년기로 가면서 계속 증가하는데 그 비율이 여아보다 남아가 더 높다. 남아는 활동적, 공격적, 위협적인 놀이를 여아보다 더 선호하는 경향이 있으므로 사고에 노출되기 쉽다. 특히 기분이 좋지 않거나, 낯선 방문자가 왔거나, 당황스럽고 어려운 상황에 직면했을 때,

약속된 놀이규칙이 확실하지 않을 때 빈번한 사고가 발생한다. 모든 사고를 예방하는 것은 불가능하겠지만 사전계획, 세심한 관리 · 감독, 엄격한 규칙, 안전교육과 같은 기본안전수칙을 지킨다면 위험을 줄일 수 있다.

2) 운동발달

바람직한 운동발달이 이루어지기 위해서는 아동의 근육이나 뼈 혹은 신경구조의 성숙이 먼저 이루어져야 한다. 아동이 초등학교에 다니게 되면서 친구들과 하는 운동은 단순히 달리고 던지는 등의 신체적 움직임이 아니라 규칙을 정하고 하는 경기방식으로 발전 한다.

운동 능력은 사춘기 이전까지 성별 차이를 보이지 않는다. 그러나 여아들은 사춘기가 시작되면서 달리기나 넓이뛰기 능력이 뚜렷이 떨어진다. 이것은 남아가 근육이 발달하고 지방질이 적다는 생물학적 요인으로 설명되기도 하나, 사회문화적 기대 차이에서 비롯된다고 보고 있다(Schaffer, 1993).

아동들에게 인지적, 사회적 성장은 더 복잡한 방법으로 새로운 운동기술을 사용하도록 하며 주요한 놀이의 변화가 이 시기에 일어난다.

(1) 대근육 발달

아동기에는 달리는 속도가 증가하고, 걸음걸이도 스키핑 기술이 향상되며, 제자리 멀리뛰기와 정확한 점프, 던지기, 공받기, 발로 차기 등이 세련되게 발달한다. 유아와 비교해서 이 시기에는 신체적으로 유연하고 탄력이 있으며, 균형감각이 향상되어 신속하고 빠른 방향전환이 가능하다. 또한 몸놀림이 민첩해져서 줄넘기를 잘하고 축구에서 전, 후진 등과 같은 멋진 몸놀림이 가능하다. 정보에 대한 반응속도도 발전하여 11세에는 5세보다 2배 정도 빠른 반응을 보인다.

(2) 소근육 발달

대부분의 아동들은 6세가 되면 자기 이름과 숫자를 쓸 수 있는데, 손가락을 사용하는 것이 아니라 손목을 사용하므로 글자를 크게 쓴다. 눈과 손의 협응력은 영아기부터 발달하는데 9-10세경이면 삼차원적 표현도 가능하다. 물건의 배치를 중첩되게 놓고 그리거나 여러 물체를 하나의 전체로 표현하기도 한다.

표 12-1 소근육 활동

연령	가능한 활동
7 - 8세	· 여아들이 동작의 정확성에서 더 우월하다. · 남아들은 힘차고 별로 복잡하지 않은 행동에서 더 우월하다. · 뛰어넘기를 할 수 있다. · 적절하게 중심 이동을 하면서 발걸음을 뗄 수 있다. · 안보고 한 발로 균형을 잡을 수 있다. · 2인치 폭의 평균대 위를 걸을 수 있다. · 작은 사각형 안으로 정확하게 뛰어서 점프할 수 있다.
9 - 10세	· 움켜쥐는 힘이 강해진다. · 남녀 모두가 참여할 수 있는 놀이의 수가 가장 많은 시기이다. · 2-2, 2-3, 3-3패턴으로 하는 율동적인 뛰기를 번갈아할 수 있다. · 남녀 모두 제자리에서 높이 뛸 수 있다. · 남아들은 작은 공을 멀리 던질 수 있다.
11 - 12세	· 먼 거리에서 던진 공을 지나가는 길을 예측하여 도중에 받을 수 있다. · 제자리 넓이뛰기를 높이 할 수 있다. · 제자리 높이뛰기를 잘 할 수 있다.

* 출처 : Cratty, 1979.

2. 인지발달

아동기에는 점차 개념적으로 사고하는 문제를 해결하고 언어를 기억하며 사용할 수 있게 되기 때문에 학업을 배우고 수행할 수 있는 능력은 계속적으로 확장된다. 유아기에는 같은 양의 물이 다른 모양의 병에 담겨져 있을 때 혼란스러워하지만 7세에서 12세 사이의 아동은 너무나 쉽게 대답할 수 있다. 이처럼 연령이 올라갈수록 복잡한 과제에도 새롭고 어려운 정신활동을 할 수 있는 것이다. 아동기의 인지적 성취를 위하여 피아제 이론과 정보처리 접근 이론, 개인차에 관한 지능에 대해 살펴보겠다.

1) 피아제의 구체적 조작기

구체적 조작기는 7세에서 12세까지로 초등학교 시기에 해당된다. 이 시기는 전조작기에 비해 여러 가지 과제를 해결할 수 있다. 사고는 급격한 진전을 보이게 되어, 여러 면으로 관점을 넓히게 되고 사물의 속성을 다룰 때 그들 사이의 관계성을 고려할 수 있다.

구체적 조작기에 접어들면 대부분의 아동들은 보존개념을 획득하게 된다.

첫째, 같은 양의 주스가 담긴 두 컵에서 어느 한 컵의 주스를 따라서 버리지 않으면, 두 컵의 주스 양은 같다고 하는 동일성의 원칙이다.

둘째, 한 컵은 길고 다른 컵은 넓으나, 물의 양은 같다고 하는 하나의 변화가 다른 하나의 변화로 인해 서로 상쇄된다는 상보성의 원리이다.

셋째, 높이가 변화된 컵의 주스를 원래의 컵에 다시 따르면 주스 양이 같아진다고 하는 역조작의 원리이다. 이 시기에는 탈중심화 현상을 지니게 되어 사물의 모든 특성을 고려하게 된다.

이 시기에 획득되는 서열화는 큰 것에서 작은 것으로, 작은 것에서부터 큰 것으로 차례에 맞게 배열하는 것처럼, 여러 특성의 양적 차원에 따라 정신적으로 계열화하는 능력이다. 유목화 또는 유목포함이 가능하여, 하위유목과 이들을 포함하는 상위유목을 동시에 다룰 수 있다.

(1) 보존개념(conservation tasks)

구체적 조작기의 아동들은 눈에 보이는 지각적 특성에 의해서가 아니라 논리적 조작에 근거하여 보존문제를 쉽게 풀 수 있다. 예를 들어 모양이 변화했더라도 변화하기 이전과 같은 대상이기 때문에 질량이 변화하지 않는다거나(동일성), 머릿속에서 거꾸로 조작할 수 있어 양의 변화가 없다는 것(가역성)을 발견할 수 있거나, 한 차원, 즉 높이나 넓이로 인해 잃어진 것은 다른 차원에 의해 보상될 수 있다는 것(보상)을 인식하게 된다.

(2) 분류

7세 이후 구체적 조작기에 이르러서야 분류에서 전체와 부분과의 관계, 상위유목과 하위유목과의 유목포함 관계를 완전히 이해하게 된다. 이 단계에서 유목들을 통합하거나 가역적으로 분류하는 과정을 수행할 수 있다. 즉, 노란 나무토막과 빨간 나무토막을 합쳐 나무토막이라는 상위유목을 설정할 수 있다. 또한 나무토막이라는 상위유목에서 색에 관련된 유목으로 분류할 수도 있다.

(3) 서열

구체적 조작기에 획득되는 또 하나의 논리적 조작인 서열은 사물을 증가하는 또는 감소하는 순서대로 배열하는 능력을 말한다. 전조작기에서 언급한 것과 같이 전체 중에서 가장 작은 것을 고른 다음, 다시 나머지 중에서 가장 작은 것을 고르는 방식으로 서열을 구성할 수 있는 능력은 구체적 조작단계에 이르러서야 나타난다. 보존에서처럼 서열에서도 수평적 뒤짐이 나타난다. 즉, 길이에 관련된 서열개념이 가장 빨리 나타나 7, 8세경에 되고, 무게에 대한 서열은 9세에, 부피에 대한 서열은 11, 12세경에 나타난다.

2) 정보처리 접근이론

피아제는 인지발달에 관해 논리적 사고의 발달을 단계적으로 기술하는데 관심을 갖는 반면, 정보처리 접근이론에서는 아동이 정보를 획득하고 기억하고 인출하고 문제해결에 사용하는 방법 등 사고의 여러 측면에 관심을 둔다. 인지발달에 대한 정보처리적 접근의 기초는 컴퓨터이다.

(1) 정보처리 능력의 획득

어떤 문화의 아동들은 다양한 인지적 과제의 정보를 처리하는데 요구되는 시간이 6-12세 사이에 급격히 줄어든다. 이는 사고의 속도에 있어 생물학적으로 연령과 관계된 것으로, 아마도 뇌에서 수초화 과정과 신경세포의 가지치기로 인한 것일 가능성이 있음을 시사한 것이다. 더욱 효과적인 사고는 작업기억 능력을 증가시킨다. 왜냐하면 더욱 빨리 생각하는 사람일수록 더 많은 정보를 한번에 처리할 수 있기 때문이다. 처리 속도는 아동기에 매우 급속히 향상되기 때문에 숫자범위도 5에서 7로 증가한다(Kail, 2003).

(2) 인지적 억제의 획득

내 · 외적으로 방해하는 자극에 저항하는 능력 또는 인지적 억제(cognitive inhibition)는 영아기 때부터 향상된다. 그러나 상당한 발전은 아동기부터 일어나는 것으로 대뇌피질의 발달에 따른 것이다. 부적절한 반응의 억제가 요구되는 과제를 수행하는 아동들의 EEG뇌파와 fMRI를 측정해 보면, 나이가 들면서 다양한 회피지역 특히 전두엽의 활동이 지속적으로 향상됨을 알 수 있다(Bartgis, Lilly, & Thomas, 2003). 인지적 억제를 습득한 개인은 마음이 부적절한 생각에서 방황하는 것을 방지할 수 있다. 이 능력은 많은 정보처리 기술을 지원한다(Dempster & Corkill, 1999).

3) 개인차에 관한 지능

아동기에 관한 연구에서 교육자들은 정신 발달에서의 개인차를 구별하는데 지능검사에 많이 의존한다. 6세경, IQ는 더 어린 시기보다 안정되며, 학업 성취와 40-70% 정도의 상관을 나타낸다. 그리고 높은 IQ를 가진 아이들은 자라면서 더욱 높은 수준의 교육을 받고 높은 지위의 명망 있는 직업을 갖는 경향을 보인다(Brody, 1992).

(1) 지능의 정의

지능(inteligence)의 개념은 오랫동안 많은 학자들에 의해 다루어졌지만 아직도 일치된 정의를 찾아보기 어려운 실정이다. 그러므로 지능의 개념은 학문적인 입장에 따라, 시대에 따라, 사회와 문화에 따라 서로 다르게 정의되어 왔다고 할 수 있다. 또한 지능 연구의 방법이나 분석의 수준, 가치와 신념체계도 지능의 개념에 영향을 주고 있다. 일반적으로 지능을 학습능력으로 보는 견해, 정신적 적응능력으로 보는 견해, 고등정신으로 보는 견해가 있다. 오늘날까지 비교적 폭넓게 받아들여지는 지능의 정의를 보면 다음과 같다(김청자, 2009).

1 추상적인 사고능력

터만(Terman)과 서스턴(Thurstone)에 의한 정의이다. 이 정의는 지능을 추상적 사상을 다루는 고등정신기능에 한정하고 있기 때문에 유아나 동물에게서 찾아볼 수 있는 지적 행동을 지적 행동을 설명할 수 없다는 난점이 있다.

2 학습능력

게이츠(Gates)는 지능에 대하여 학습능력 또는 광범위한 여러 사실을 파악하는 능력의 복합체라고 하였다. 이 정의는 지능을 학습능력으로 규정하고 있다.

3 적응력

콜빈(Colvin)은 환경에의 적응을 학습하는 능력, 핀트너(Pintner)의 비교적 새로운 생활장면에 자기를 잘 적응시켜 나가는 능력, 스턴(Stern)의 새로운 과제와 생활조건에 대한 일반적, 정신적 순응력 등의 정의를 포함한다.

4 지능검사가 측정한 결과

보잉(Boring)과 프리만(Freeman)은 지능에 대해 실증 불가능한 사전적 정의가 아닌 조작적 정의를 내려야 한다고 주장하면서 지능검사를 측정한 결과로 정의하는 경향이다.

5 종합적, 전체적 능력

웩슬러(Wechsler)는 지능에 관해 유목적적으로 행동하고 합리적으로 사고하며 환경을 효과적으로 다루는 종합적 능력이라고 정의하였다.

(2) 지능이론

1 스피어맨(Spearman)의 2요인설

스피어맨의 지능이론은 흔히 일반요인설로 불린다. 인간의 지능은 두 가지의 요인, 일반요인(general factor : g요인)과 특수요인(specific factor : s요인)으로 이뤄진다는 지능의 2요인설을 제안하였다. 일반요인에 해당하는 지능은 경험의 인지, 관계의 추출, 상관의 추출을 들 수 있다. 경험의 인지는 자기의 경험을 사고와 반성을 통해서 인지하는 능력이고, 관계의 추출은 둘 또는 그 이상의 관념이 의식에 떠올랐을 때 그 관계를 인지하는 능력이라고 한다. 특수요인은 특수한 학습과 경험에 의해 결정되는 지능으로 언어, 수, 정신속도, 주의, 상상의 5가지 요인을 들 수 있다(박아청, 1995).

2 서스턴(Thurstone)의 다요인설

서스턴은 스피어맨의 일반요인의 가정에 대해 이의를 제기하면서 다요인이론을 제시하였다. 서스턴은 21가지 지능검사의 결과를 요인분석하여 동일한 지능요인 7개를 찾아내었다. 이와 같은 지능의 7개 요인이 '기본정신능력'(Primary Mental Abilites : PMA)이다.

I. 언어 요인(Verbal comprehension : V factor) : 단어이해, 언어논리적 사고

예시 : '당신에게 3개의 단어가 주어져 있습니다. 첫 번째와 두 번째 사이에서는 일정한 관계가 성립됩니다. 세 번째와 다섯 개 중에서 선택된 단어 한 개의 사이에서도 유사한 관계가 성립됩니다.'

어두운 : 밝은 = 젖은 : ?

a) 비　　b) 낮　　c) 습기 있는　　d) 바람　　e) 건조한

'어두운'은 '밝은'의 반대말이기 때문에 '젖은'에도 역시 반대말을 찾아야만 합니다. 그러니까 e) '건조한'이 옳은 답입니다.

II. 공간 요인(Spatial : W factor) : 언어 유창성, 어휘

예시 : 4분 이내에 'D'자로 시작되는 말을 가능한 한 많이 적어 보시오.

III. 공간 요인(Spatial : S factor) : 공간적 관계의 인식

예시 : 다음에서와 같은 기호 연속에서 영상적으로 거꾸로 보이는 것 아래에 줄을 그으시오.

h p　　　　　　b y

IV. 계산능력(Number : N factor) : 간단한 산수의 능력

예시 : 다음의 숫자 집단 중에서 각각의 첫 번째, 두 번째의 두 숫자를 합하여 세 번째 숫자로 나누시오. 그 다음에 그것의 결과를 적으시오.

152	375	422	957	261	813	996	882	574
(3)	(2)	(3)	(2)	(8)	(3)	(3)	(8)	(3)

V. 기억요인(Associative memory : A factor) : 추상적 자료의 파지능력

예시 : 다음의 알파벳-숫자 쌍을 2분 이내에 암송한 뒤, 그것을 기억해 내어 적어 보시오.

b-11, d-222, h-33, n-44, p-55, q-666, u-777

VI. 추리력 요인(Reasoning : R factor) : 논리적 사고, 규칙적 인식

예시 : 다음의 기호 연속을 논리적으로 올바른 식으로 계속 연결하여 보시오.

XOOOOXXOOOXXXOOXX

VII. 지각 요인(Perceptual : P factor) : 이해속도와 반응속도

예시 : 다음의 단어들에서 가능한 한 빨리 'A'와 'a'에 줄을 그어 지우시오.

Aufgabe, Bnde, Caesar, Daumen, Einfall, Fahrmann, Gala

그림 12-2 서스턴의 지능요인

* 출처 : Gardner, 김정휘 역(2006).

3 길포드(Guilford)의 지능구조 입체모형설

길포드는 지적 요인을 기억력과 사고력으로 분류하고, 사고력을 다시 인지적 능력과 생산적 능력, 평가적 능력으로 분류했으며, 생산적 능력은 다시 수렴적 사고와 발산적 사고로 분류했다(임창재, 2005).

길포드는 이와 같은 다섯 개의 지능요인의 구조를 입체화시켜 분류하기 위해 지능구조에 대한 이론적 모형을 입방체로 제안했다. 이 모형에서는 지능의 3차원을 제시하고 있다. 길포드의 SOI(Structure of Intellect : SOI) 이론에 의한 지능이 120개의 독립적인 요인들로 구성된다는 초기의 제안은 나중에 150개로 수정되었다가 1988년에 다시 180개의 요인으로 확장되었다.

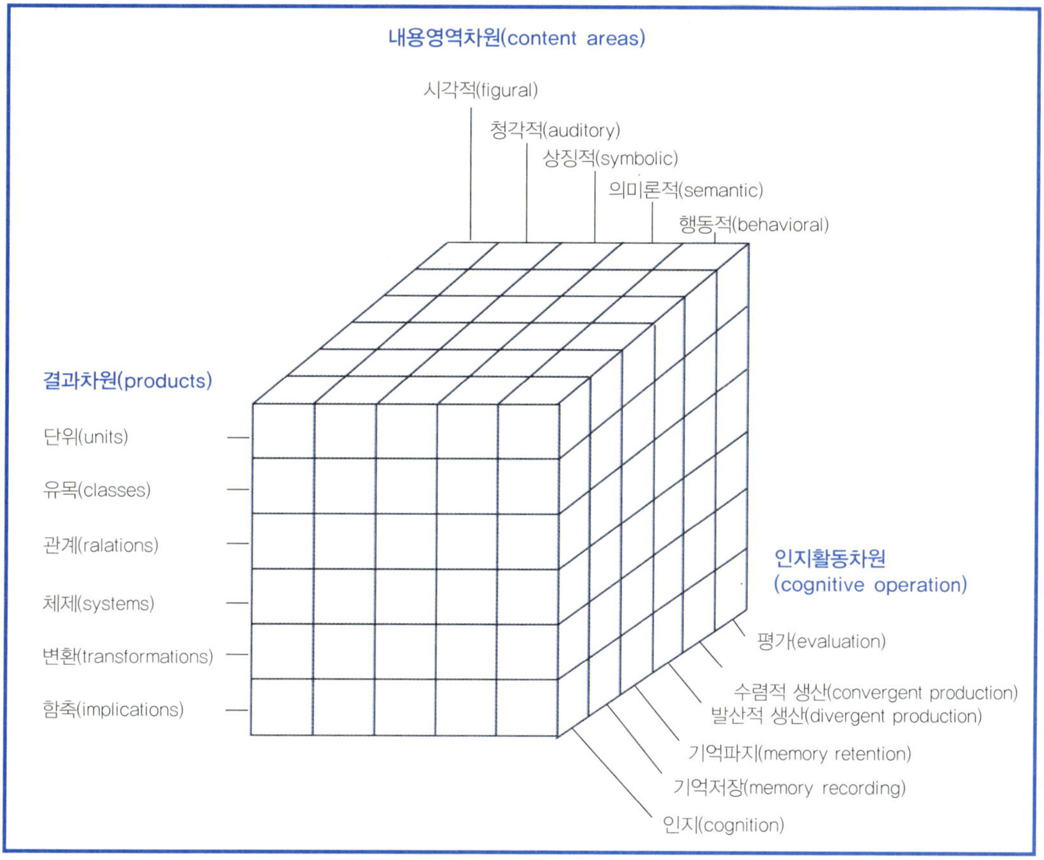

그림 12-3 Guilford의 3차원 지능구조 모형

4 카텔(Cattell)의 유동적 지능과 결정적 지능

카텔은 지능에 관해 두 개의 일반요인인 유동적 지능과 결정적 지능을 추출해 냈다. 유동적 지능은 유전적, 신경생리적 영향에 의해 발달되는 지능으로, 뇌와 중추신경계의 성숙에 비례하여 발달한다. 따라서 유동적 지능의 발달은 청년기까지는 증가하나 생리적 발달이 쇠퇴하는 성인기 이후에는 점차 쇠퇴한다. 유동적 지능은 속도, 기계적 암기, 지각력, 일반적 추리력에서 잘 나타나고, 결정적 지능은 환경적, 경험적, 문화적 영향을 받아 발달하는 지능이다. 결정적 지능의 발달은 가정환경, 교육정도, 직업 등의 영향을 받는다.

5 스턴버그(Sternberg)의 삼위일체이론

스턴버그는 전통적인 지능의 개념에 실제적 지능의 개념을 포괄하는 삼위일체이론으로 지능에 대한 접근을 시도했다. 그는 지능을 구성적, 경험적, 맥락적 부분으로 나누었다. 구성적 부분은 개인의 내적 세계와 관련되며 지능작용에서 가장 중심적인 기능을 한다. 경험적 부분은 지능의 구성이 인간의 경험과 긴밀하게 관련되어 있어, 인지활동을 위한 지능을 이해하는데 반드시 고려해야 할 부분이다. 맥락적 부분은 외적 세계에 대처하여 적응할 수 있는 기능으로 현실상황에의 적응력을 강조한다.

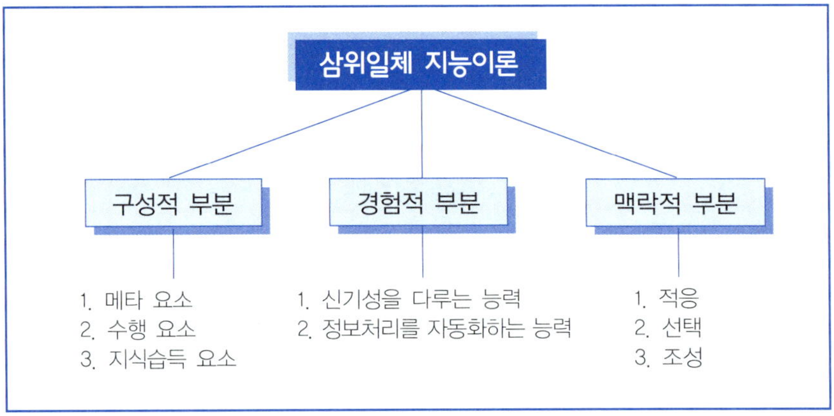

그림 12-4 스턴버그의 지능구조

6 가드너(Gardner)의 다중지능이론

가드너의 다중지능이론(multiple intelligence)은 지능의 구조에 대한 기존의 이론들과는 달리 상관계수와 요인분석에 기초한 것이 아니라, 두뇌의 해부학적 구조와 개인이 속한 문화의 시각에서 지적 능력을 분석하여 이론화하였다. 가드너가 제시하는 9개의 지능은 다음과 같다. 언어적 지능, 논리수학적 지능, 공간적 지능, 신체운동적 지능, 음악적 지능, 대인관계 지능, 개인 내 지능, 자연탐구 지능, 실존지능이다.

표 12-2 다중지능의 구성요인

지능의 요인	핵심능력	관련직업의 예
언어적 지능	언어를 효과적으로 구사하는 능력	작가, 정치가, 웅변가, 시인, 극작가, 언론인
논리수학적 지능	숫자를 효과적으로 사용하고 추론하는 능력	수학자, 세무사, 통계학자, 과학자, 컴퓨터 프로그래머
공간적 지능	시각적, 공간적 세계를 정확하게 지각하는 능력과 지각을 통해 형태를 바꾸는 능력	예술가, 건축가, 실내장식가, 발명가, 지리학자, 항해사
신체운동적 지능	음악적 표현형식을 지각, 변별, 변형, 표현하는 능력	연주가, 작곡가, 음악비평가
음악적 지능	자신의 신체를 이용해서 생각이나 감정을 표현하는 능력과 자신의 손을 이용해서 사물을 만들거나 변형시키는 능력	배우, 운동선수, 무용가, 조각가, 기계공, 외과의사

지능의 요인	핵심능력	관련직업의 예
대인관계 지능	타인의 기분, 의도, 동기, 감정 등을 지각하고 식별하고 적절하게 반응하는 능력	정치가, 종교인, 교사, 세일즈맨
개인 내 지능	자기 자신에 대한 객관적 이해 능력 및 그에 기초하여 적절하게 행동할 수 있는 능력	철학자, 소설가, 종교인, 상담가, 임상학자
자연탐구 지능	자연 친화적이며 사물을 구별하고 분류하는 능력, 환경의 특징을 사용하는 능력	생물학자, 과학자, 수의사, 여행가
실존지능	철학적, 종교적으로 사고할 수 있는 능력으로 뇌에 해당 부위가 없으며 아동기에는 나타나지 않음	철학자, 종교인

3. 언어발달

언어의 발달도 아동기에 지속적으로 이루어진다. 영유아시기보다는 발달이 느리다고 하지만, 언어에 대한 태도가 변화하고, 언어를 하나의 시스템으로 생각하는 능력, 즉 메타언어인식(metalinguistic awareness)이 발달한다. 학령기인 아동들은 학교에서 언어의 영향을 지속적으로 받는다. 읽기, 쓰기, 듣기, 말하기를 통하여 언어에 대한 인식과 언어기술이 발달하게 된다.

1) 어휘

어휘의 발달도 빨라 6세에 이미 1만 단어 정도 이해할 수 있고 10세경에는

4만 단어에 달하게 된다(Anglin, 1993). 형식적 조작기인 사춘기 이후가 되면 추상적인 어휘의 획득이 두드러지면서 계속 어휘 수가 증가하게 된다. 또 학령기 아동들은 독립적으로 주어진 언어적 정보를 통합하여 의미를 추론해 낼 수 있는 의미론적 통합에 점차 능숙해진다. 의미론적 통합이 가능해지면서 발화의 내용에서는 드러나지 않는 숨겨진 의미를 탐지할 수 있게 된다. 이러한 능력의 발달은 아동들이 상위언어능력인 언어에 대한 지식이 발달하기 때문으로 추정된다(최경숙, 2009).

2) 문법

6세 이후에도 언어발달에 중요한 변화가 계속된다. 더 많은 어휘를 사용하게 될 뿐만 아니라, 더 길고 복잡한 문장을 사용하게 되면서부터 어린 시기에는 불가능했던 방법으로 언어를 다루게 된다. 5-8세 아동들은 모호한 대명사를 사용하는 것 대신에 명확한 지칭을 하기 시작하며, 7-9세경에는 수동태 문장을 이해하고 말 할 수 있게 된다(Sudhalter & Braine, 1985). 따라서 학령기는 문법적 세련화를 이루어가는 시기라 할 수 있다.

3) 화용론

학령기 초기에는 의사소통 기술이 현저히 발달한다. 어린 아동들은 의사소통을 효율적으로 할 수 있는 방법을 잘 모르고 미숙하다가 학령기에 들어서면서부터 명확한 메시지를 구성하는 것이 중요하다는 것을 알게 되며, 자기 중심성이 감소하고 역할수행 기술이 발달하여, 듣는 사람의 요구에 맞출 수 있게 되면서 의사소통 기술이 급격히 발달하게 된다. 6-7세 아동들은 문제가 있는 정보를 처음부터 감지하기가 어려우나 일단 문제라고 지적되면 수정할 수는 있다. 8-10세 아동들은 자기가 듣는 내용을 추적하여 모호성을 탐지하고 말한 사람에게 명확히 해줄 것을 요구할 수가 있다(송하나 · 최경숙, 2010).

4) 이중 언어

아동들이 이중 언어를 사용하게 되는 방법은 두 가지이다. 아동기 초기에 두 언어를 모두 획득하거나 한 가지 언어를 마스터한 다음 다른 언어를 배우는 것이다. 이중 언어를 배우고 사용하는 부모들이 아동기 초기부터 자녀들에게 두 개의 언어를 가르치면 자녀들은 주변에서 사용하는 언어를 완전하게 구사하고 두 번째 언어는 노출의 정도에 따라 잘하거나 완전하게 구사한다(Genessee, 2001).

많은 연구들은 이중 언어가 발달에 긍정적으로 영향을 미친다고 밝힌다. 두 언어를 유창하게 구사하는 아동들은 선택적 주의, 분석적 추리, 개념 형성, 인지적 융통성 검사에서 높은 점수를 얻는다(Bialystok, 1999, 2001). 또한 문법과 의미의 실수를 발견하는 것과 같은 특정 언어인식도 더 발달한다. 그리고 아동들은 한 언어에 대한 음운인식 기술을 다른 언어로 쉽게 전이하여 읽기를 발전시킨다.

5) 언어발달에 영향을 미치는 요인들

아동의 언어발달에 영향을 미치는 요인들로는 기질, 상호작용, 언어전략 등이 있다.

표 12-3 언어발달에 영향을 미치는 요인들

	요 인	영 향
1	기질	· 성격하위 요인인 기질에서 개인차가 영향 · 외향성, 사교성 같은 기질적 특성이 언어에 대한 민감성 증가 · 기질은 유전되기에 언어발달에 영향을 미치는 좋은 예
2	상호작용	· 성인과의 빈번한 상호작용은 언어학습에 도움 · 상호작용 시간의 양은 언어경험에 영향 · 아동의 언어발달에 대한 부모의 관심
3	언어전략	· 소년, 소녀의 언어전략이 다르게 사용 · 소녀들은 지지적, 반응적, 주의, 관심, 상호협조 강조하는 언어패턴 · 소년들은 우월성, 지시명령을 강조하는 언어패턴

4. 정서 및 사회성 발달

초등학교에 입학한 아동들은 학교, 놀이터 등 가정 외의 장소에서 더 많은 시간을 보내게 된다. 부모로부터 점점 독립적이 되어 가고 또래들과 어울리는 기회가 더 많아진다. 이 시기에는 자기에 대한 이해는 물론 타인에 대한 이해도 발달한다. 또래들과 상호작용을 통해 자신의 가치, 태도, 기술을 깨닫게 되지만 가족은 여전히 아동에게 많은 영향 미친다. 대부분의 아동들은 신체적, 정서적으로 건강하지만 어떤 아동들은 사회적 관계를 힘들어 하기도 한다. 적응력이 높은 아동들은 스트레스에 직면해 더 건강하고 강해진다.

1) 자아개념

학령기 동안에 아동의 자아서술은 처음에는 그들 자신의 신체적, 행동적 그리고 다른 외적 특성을 나열하다가 점차 그들의 지속적인 내적, 추상적인 특성인 기질, 가치, 신념, 이념과 같은 것으로 변화해 간다(Damon & Hart, 1988).

이 시기 아동들은 사회적 비교(social comparison) — 자신의 용모, 능력과 행동을 다른 또래들과 비교하는 — 를 많이 함으로써 자기 기술을 할 수 있게 된다. 예를 들어 자신이 철자법에서는 다른 또래들보다 낫지만 사회는 잘 못한다는 사실을 파악한다. 4-6세 아동들은 자신의 능력을 다른 또래 한 명과 비교할 수 있지만 나이가 많은 아동들은 여러 명의 또래들과 비교할 수 있다(Butler, 1998).

아동들은 다른 사람들의 평가나 피드백으로 인해 현실적 자기를 평가하게 되고, 다른 사람의 기대치를 내면화함으로 이상적인 자기모습을 형성하게 된다. 그런데 이 두 개의 자기모습의 격차가 커질수록 슬픔, 절망, 우울증에 빠지게 된다.

표 12-4 자아개념의 발달수준

수준	자아인식	신체	행동	사회	심리
1 수준	분류 (4~7세)	· 난 7살이야 · 난 남자야	· 난 컴퓨터를 많이 해	· 나는 수영장 간다 · 나는 진희랑 친구다	· 난 즐거워 · 난 재미있어
2 수준	비교 (8~11세)	· 난 형보다 뚱뚱해	· 난 그림은 잘 그리는데, 피아노는 못 해	· 난 우리 모둠 조장이야	· 난 다른 애들보다 키가 작아서 속상해
3 수준	상호관계 (12~15세)	· 난 말을 더듬어서 하는데, 친구들은 행동도 느린 줄 알어	· 운동 잘하는 아이가 인기 있으니까 나도 운동 열심히 해야지	· 난 부끄럼이 많아 친구를 잘 사귀지 못해	· 난 다른 사람의 말을 잘 들어주는 편이야

* 출처 :Cole & Cole, 1993, p. 555.

2) 자아존중감

자아존중감이란 자신이 가진 특성, 즉 자아개념에 대한 평가적 측면을 말한다. 아동은 발달하면서 자신에 대해 점차 이해하게 되고 복잡한 자아상을 구성하게 될 뿐만 아니라 자신이 가지고 있는 여러 특성을 평가할 수 있게 된다. 쿠퍼스미스(Coopersmith)는 인간이 네 가지 준거에 따라 자아상을 형성한다고 하였다. 중요도(그들이 자기에게 중요한 사람들에 의해 인정을 받고 사랑을 받는다고 느끼는 정도), 능력(그들이 중요하다고 생각하는 과제를 수행하는데 있어서의), 미덕(도덕적, 윤리적 기준의 달성), 영향력(그들이 자신이나 다른 사람의 삶에 영향을 미치는 정도)이다. 이 세 가지 모든 준거에 대해 높은 평가를 할 때 자신을 더 높게 평가하기 쉽다. 부모의 양육방식에 따라, 성차별에 따라서 아동이 느끼는 자아존중감은 차이가 있다.

3) 타인이해

다른 사람에 대한 지식의 발달은 사회인지에서 가장 넓은 영역이다. 다른 사람의 특성을 찾고 다른 사람의 생각을 추리하며, 행동을 예측하는 과정에서 아동들은 정보를 활용하면서 타인에 대한 이해를 높여간다.

(1) 인지발달 이론

구체적 조작기의 아동은 자기 중심성이 줄어들면서 다른 사람들이 자기와는 다른 생각을 가질 수 있다는 것을 알기 시작한다. 사물의 분류에 능숙해지고, 사물의 외양이 바뀌어도 특징은 변하지 않는다는 보존개념도 획득한다. 따라서 다른 사람의 행동을 관찰하고 비교하면서 그 사람의 행동특성이나 규칙성을 발견하여 그 규칙성을 그 사람의 심리적 특성으로 표현할 수 있게 되는 것이다.

(2) 셀먼(Selman, 1980) 이론

아동들은 자신의 관점과 다른 사람의 관점을 변별하는 능력과 다른 관점들 간의 관계를 볼 수 있는 능력을 획득해 감에 따라, 자기 자신과 다른 사람들을 더 잘 이해할 수 있게 된다. 셀먼의 5단계의 조망수용 기술은 다른 사람들의 생각과 느낌에 대해 수준별로 설명하고 있다.

표 12-5 5단계 조망수용 기술

수 준	단 계	연 령	설 명
0	구별되지 않는 조망수용	3-6세	· 이 시기는 다른 사람들의 관점을 인식하지 못한다. · 자신이 옳다고 생각하는 것을 다른 사람도 똑같이 생각할 거라고 믿는다.
1	사회-정보적 조망수용	4-9세	· 사람들이 자기와 다른 관점을 가질 수 있다는 것을 알게 되나 그것은 단지 사람들이 다른 정보를 들었기 때문이라고 믿는다.
2	자기 반영적 조망수용	7-12세	· 자신과 다른 사람이 같은 정보를 갖고 있어도 견해가 일치하지 않을 수 있다는 것을 안다. · 그러나 아직 다른 사람과 자신의 관점을 동시에 고려할 수는 없다.

수 준	단 계	연 령	설 명
3	제3자적 조망수용	10-15세	· 자신의 관점과 다른 사람의 관점을 동시에 고려할 수 있다. · 자신과 다른 사람이 상대방의 관점을 어떻게 반응할 것이라는 것을 예측할 수 있다.
4	사회적 조망수용	14-성인	· 다른 사람의 관점을 그 사람이 속해 있는 사회적 체계의 관점과 비교해서 이해하려고 시도한다. · 그 사회 대부분 사람들이 갖고 있는 관점을 다른 사람들이 갖고 있을 것이라고 기대한다.

* 출처 : Selman, 1976.

4) 또래관계

또래들과의 사회적 접촉은 역할수행 능력의 발달을 도와 타인에 대한 이해에 간접적으로 영향을 미칠 뿐만 아니라 다른 사람들이 어떤가를 배울 수 있는 직접적인 경험이 되기도 한다. 즉 아동이 또래들과의 경험이 많을수록 그들이 이해하고자 하는 동기가 더 커지고 또래들 행동의 원인을 평가하는 경험을 더 많이 갖게 된다(Higgns & Parsons, 1983). 또래집단의 긍정적 영향은 타인의 관점에서 자신을 보게 함으로써 아동이 자신에 대한 견해를 형성하는데 도움이 된다는 것이다. 그리고 또래집단은 아동으로 하여금 살아가는데 필요한 가치를 선택하도록 해 주는데, 다른 아동들의 것과 다른, 자신의 의견이나 감정, 태도를 시험해 봄으로써 아동은 지금까지 의심없이 받아들였던 부모의 가치를 걸러 내고 선택, 결정하게 된다.

또래집단의 부정적 영향은 자신들만의 독특한 문화를 만들어서 독특한 어휘, 옷 입는 방식, 특정 장소를 구성하여 배타적 연결을 만들기도 한다.

이 시기 아동들의 집단구성 욕구는 학교 안에서 걸-보이 스카우트(girl-boy scouts), 아람단과 같은 모임으로 결성되고, 동일한 과제를 수행하면서 지역공동체에 협력하고 사회적·도덕적 성숙을 하게 된다.

참고문헌

김청자(2009). 교육심리학의 이해. 동문사.

박성연(1991). 인간발달. 교육과학사.

박신자(2002). 심리학의 이해. 형설출판사.

박아청(1995). 현대의 교육심리학. 학문사

박응임, 정운선, 이혜선(2005). 초등학교 비만아와 정상체중아의 자아존중감에 미치는 영향 변인, 아동학회지 26(6).

박찬옥 · 지성애 역(1996). 유아들의 사회생활 교육. 이화여자대학교 출판부.

송하나 · 최경숙(2010). 발달심리학. 교문사.

안영진(2006). 21C 교사양성을 위한 아동발달. 공동체.

유안진(1996). 인간발달신강. 민음사.

이영자(2004). 유아언어발달과 지도. 양서원.

이재연(1988). 아동발달. 문음사.

임창재(2005). 교육심리학. 학지사.

장휘숙(2008). 성인심리학. 문음사.

정옥분(2006). 아동발달의 이해. 학지사.

최경숙(1985). 아동심리학. 민음사.

Bandura, A.(2001). Social cognitive theory : An agentic perspective. *Annual Review of Psychology, 52,* 1-26.

Belsky, J.(1979).Mohter-father-infant interaction : A naturalistic observational study. *Developmental Psychology,* 15, 601-607.

Berk(2005). Infants and Children(5th, ed.). Pearson Education, Inc.

Bornstein, M. H.(1989). Sensitive periods in development : Structural characteristics and causal interpretations. *Psychological Bulletin, 105,* 179-197.

Bowlby, J.(1969). *Attachment and loss : Vol. 1. Attachment.* New York : Basic Books.

Bronfenbrenner, U., & Evans, G. W.(2000). Developmental science in the 21st century : Emerging theoretical models, research designs, and empirical finding. *Social Development,* 9, 115-125.

Buhler, C.(1968). The development structure of goal setting in group and individual studies. In C. Buhler & F. Massarik(Eds.). *The course of human life.* New York : Springer.

Colby, A.(1983). A longitudinal study of moral judgment, *Monographs of the society for Research in Child Development*, 48(1-2, Serial No. 200).

Cowan, P., & Powell, D.(1998). Parenting interventions : A family systems perspective. In I. E. Sigel & K. A. Renninger(Eds.), *Handbook of Psychology : Vol. 4. Child psychology in practice*(5th ed., pp. 3-72). New York : Wiley.

Eagle, M.(2000). Psychoanalytic theory : history of the field. In A. Kazdin(Ed.), *Encyclopedia of psychology.* Washington, DC, & new York : American Psychological Association and Oxford University Press.

Emery, R. E., & Launam-Billings, L.(1998). An overview of the nature, causes, and consequences of sbusive family relationships : Toward differentiating maltreatment and violence. *American Psychologist, 53*, 121-135.

Erickson, E. H.(1950). *Childhood and society.* New York : Norton.

Erickson, E. H.(1968). *Identity, youth, and crisis.* New York : Norton.

Freud, S.(1973). *An outline of psychoanalysis.* london : Hogarth.(Original work published 1938)

Gesell, A.(1933). Maturation and patterning of behavior. In C. Murchison(Ed.), *A handbook of child psychology.* Worcester, MA : Clark University Press.

Giligan, C. F.(1982). *In a different voice.* Cambridge, MA : Harvard University Press.

Goleman, D.(1995). *Emotiomal intelligence.* New York : Basic Books.

Greenfield, P. M.(1994). Independence and interdependence as developmental scripts : Implications for theory, research, and practice. In P. M. Greenfield & R. R. Cocking(Eds.), *Cross-cutural roots of minority child development*(pp. 1-37). Hillsdale, NJ : Erlbaum.

Gruhn, W.(2003). Kinder brauchen Musik. Birkenau : Belitz

Harlow, H. F., & Zimmerman, R.(1959). Affectional responses in the infant monkey. *science, 130,* 421-432.

Hoffman, M.(1977). Sex differences in empathy and related behaviors. *Psychological Bulletin*, 84, 712-722.

Hopkins, J. R.(2000). Erickson, E. H. In A. Kazdin (Eds.), *Encyclopedia of psychology.* Washing, DC, & New York : American Psychological Association and Oxford University Press.

Kamerman, S. B.(2000). from Maternity to parental leave policies : Woman's health, employment, and child and family well-being. *journal of the American Medical Woman's Association, 55,* 96-99.

Kohlberg, L.(1969). Stage and sequence : The cognitive developmental approach to socialization In D. A. Goslin(Ed.), *Handbook of socialization theory and research*(pp. 347-480).

Lorenz, K. Z.(1952). *King Solomon's ring.* New York : Crowell.

Miller, P. H.(1983). *Theories of developmental psychology.* San Francisco : Freeman.

Miller, P. H.(2001). *Theories of developmental psychology*(4th ed.). New York : Worth.

Myers, D. G.(2008). Psychologie. Heidelberg : Springer

Papalia, D.(1972). The status of sevral conservation ablities across the life span. *Human Development,* 15, 229-243

Rogoff, B.(1998). Cognition as a collaborative process. In D. Kuhn & R. S. Sigler(Eds.), *Handbook of child psychology : Vol. 2 Cognition, perception, and lanuage*(5th ed., pp. 679-744). New York : Wiley.

Rowe, S., & Wertsch, J. V.(2002). Vygotsky's model of cognitive development. In G. Bremner & A. Fogel(Eds.), Blackwell handbook of infant development (pp. 538-554). Oxford, U.K. : Blackwell.

Rusell, L. B., & Rusell, W. L.(1952). Radiation hazards to the embryo and fetus. *Radiology, 58(3)*, 369-376.

Santrock, J.(2006). Child Development(10th ed.). McGraw Hill.

Tappan, M. B.(1998). Sociocultural psychology and caring psychology : Exploring Vygotsky's "hidden curriculum." *Educational Psychologist, 33,* 23-33.

Theien, E., & Corbetta, D.(2002). Microdevelopment and dynamic system : Applications to infant motor development. In N. Granott & J. Parziale(Eds.), *Microdevelopment : Transition process in development and learning* (pp. 59-79). New York : Cambridge University Press.

Vidal, F.(2000). Piaget's theory. In a Kazdin (Ed.), *Encyclopedia of psychology.* Washington, DC, & New York : American Psychological Association and Oxford University Press.

Watson, J. B., & Raynor, R.(1920). Conditioned emotional reactions. *Journal of Experimental Psychology, 3*, 1-14.

저자 소개

윤영애

덕성여자대학교 교육학박사(유아교육학)
현, 백석예술대학 사회복지학부 교수

강순미

성균관대학교 철학박사(아동학)
현, 백석예술대학 유아교육과 교수

조대현

독일 국립 뷔르츠부르크 음악대학교 철학박사(음악교육학, 교육심리학, 특수교육학)
현, 백석예술대학 유아교육과 교수

아동발달

초판인쇄 2011년 2월 20일
초판발행 2011년 2월 25일

저 자 윤영애 · 강순미 · 조대현
발행인 김현태
발행처 태영출판사

주 소 (152-705) 서울 구로구 구로동 104-10 동남오피스텔 201호
전 화 02 · 839-3757, 839-3752
팩 스 02 · 837-3754
등 록 2005년 5월 30일 제12-421호
http://www.taeyeongbook.co.kr
E-mail tys2005@paran.com
ISBN 978-89-6302-045-7 93370
정 가 16,000원

* 잘못 만들어진 책은 교환해 드립니다.

NAVER 태영출판사